लूटनीति मंथन करी

लूटनीति मंथन करी

काका हाथरसी

डायमंड बुक्स

प्रकाशक : डायमंड पॉकेट बुक्स (प्रा.) लि.
X-30 ओखला इंडस्ट्रियल एरिया, फेज–II
नई दिल्ली – 110020
फोन : 011- 40712200
ई–मेल : wecare@diamondbooks.in
वेबसाइट : www.diamondbooks.in
संस्करण : 2024

Lootniti Manthan Kari
By : Kaka Hathrasi

लूटनीति मंथन करी

(काका दोहावली)

मेरी भव बाधा हरो,
पूज्य बिहारीलाल
दोहा बनकर सामने, दर्शन दो तत्काल।

अँग्रेजी से प्यार है,
हिंदी से परहेज,
ऊपर से हैं इंडियन, भीतर से अँगरेज।

अँखियाँ मादक रस-भरी
गज़ब गुलाबी होंठ,
ऐसी तिय अति प्रिय लगे, ज्यों दावत में सोंठ।

अंतरपट में खोजिए,
छिपा हुआ है खोट,
मिल जाएगी आपको, बिल्कुल सत्य रिपोट।

अंदर काला हृदय है,
ऊपर गोरा मुक्ख,
ऐसे लोगों को मिले, परनिंदा में सुक्ख।

अंधकार में फेंक दी,
इच्छा तोड़-मरोड़,
निष्कामी काका बने, कामकाज को छोड़।

अंध धर्म विश्वास में,
फँस जाता इंसान,
निर्दोषों को मारकर, बन जाता हैवान।

अंधा प्रेमी अक्ल से,
काम नहीं कुछ लेय,
प्रेम-नशे में गधी भी, परी दिखाई देय।

अक्लमंद से कह रहे,
मिस्टर मूर्खानंद,
देश-धर्म में क्या धरा, पैसे में आनंद।

अगर चुनावी वायदे,
पूर्ण करे सरकार,
इंतज़ार के मज़े सब, हो जाएँ बेकार।

अगर फूल के साथ में,
लगे न होते शूल,
बिना बात ही छेड़ते, उनको नामाकूल।

अगर मिले दुर्भाग्य से,
भौंदू पति बेमेल,
पत्नी का कर्त्तव्य है, डाले नाक नकेल।

अगर ले लिया क़र्ज़ कुछ,
क्या है इसमें हर्ज़,
यदि पहचानोगे उसे, माँगे पिछला क़र्ज़।

अग्नि निकलती रगड़ से,
जानत हैं सब कोय,
दिल टकराए, इश्क़ की बिजली पैदा होय।

अच्छी लगती दूर से,
मटकाती जब नैन,
बाँहों में आ जाए तब बोले कड़वे बैन।

अजगर करे न चाकरी,
पंछी करे न काम,
चाचा मेरे कह गए, कर बेटा आराम।

अजगर करे न चाकरी,
पंछी करे न काम,
भाग्यवाद का स्वाद ले, धंधा काम हराम।

अति की बुरी कुरूपता,
अति का भला न रूप,
अति का भला न बरसना, अति की भली न धूप।

अति की भली न दुश्मनी,
अति का भला न प्यार
तू-तू मै-मैं जब हुई, प्यार हुआ बेकार।

अति की भली न बेरुखी,
अति का भला न प्यार
अति की भली न मिठाई, अति का भला न खार।

अति की वर्षा भी बुरी,
अति की भली न धूप,
अति की बुरी कुरूपता, अति का भला न रूप।

अधिक समय तक चल
नहीं, सकता वह व्यापार,
जिसमें साझीदार हों, लल्लू-पंजू यार।

अधिकारी के आप तब,
बन सकते प्रिय पात्र
काम छोड़ नित नियम से, पढ़िए चमचा-शास्त्र।

अपना स्वारथ साधकर,
जनता को दे कष्ट,
भ्रष्ट आचरण करे जो, वह नेता हो भ्रष्ट।

अपनी आँख तरेर कर,
जब बेलन दिखलाय,
अंडा-डंडा गिर पड़ें, घर ठंडा हो जाय।

अपनी गलती नहिं दिखे,
समझे खुद को ठीक,
मोटे-मोटे झूठ को, पीस रहा बारीक।

अपनी ही कहता रहे,
सुने न दूजे तर्क,
सभी तर्क हों व्यर्थ जब, मूरख करे कुतर्क।

अपने जीवन में हमें,
प्राप्त हुआ यह ज्ञान,
प्यार भावना से बड़ा, होता है श्रीमान।

अपने स्वारथ के लिए,
करते थे जब प्यार,
मतलब पूरा हो गया करने लगे प्रहार।

अप्रिय हमें कोई नहीं,
प्यारा सब संसार,
उनसे, तुमसे, सभी से काका करते प्यार।

अफसर ऊँचे हैं वही,
जिनका ऊँचा पेट,
आवें आफिस में सदा, ढाई घंटा लेट।

अफ़सर जी के पेट की,
नहीं किसी को थाह,
दस हज़ार का ख़र्च है, दो हजार तनुख़्वाह।

अभी बहुत है जिंदगी,
क्यों हो रहे निराश,
इंतजार का नशा भी, रखे अहमियत ख़ास।

अभी ख़त्म होंगे नहीं,
राजनीति के युद्ध,
अर्थ और यश के लिए, चमचे बनो विशुद्ध।

अरे बुढ़ापे बाबरे,
तू क्या देखे मोहि?
पुनर्जन्म यौवन मिले, तब देखूँगा तोहि।

अर्थ-लाभ के केस को,
लपक लेउ तत्काल,
बेमतलब की बात को, कल-परसों पर टाल।

अर्थहीन पापा दुखी,
धनिक सोयँ सुख-सेज,
बहू जलाई जायँ जो, लाएँ नहीं दहेज।

अर्धनग्न हो सुंदरी,
दर्शक के मन भाय,
उसे देखकर लाज भी, हाय-हाय डकराय।

अलग-अलग हैं राय सब,
अलग-अलग आदर्श
सब देशों में श्रेष्ठ है, अपना भारतवर्ष।

अलग-थलग क्यों
भटकते, उठा रहे हो कष्ट,
चिपट-चिपट कर दोस्त से, हो जाओ एडजस्ट।

असल मुहब्बत का मज़ा,
साठ साल के बाद,
बाबा-दादी जानते, कैसा आता स्वाद।

असली घी मिलता नहीं,
घासलेट वे खायँ,
फिर बेचारे किस तरह, असल इश्क फरमायँ।

आँख मारकर हसीना,
पकड़े अपनी राह,
बाबू बेकाबू हुए, मुँह से निकली आह।

आँखों में लाखों भरे,
पाप, ताप, छलछंद,
इसीलिए मंदिर पहुँच, आँखें कर लीं बंद।

आँखों से दिखती नहीं,
दिल से देखो प्लीज,
अंतर को छू ले वही, सबसे सुंदर चीज़।

आए इक्किसवीं सदी,
होय एनाउंसमेंट,
साड़ी बाँधे देवता, देवी पहने पैंट।

आए कविता सुनाकर,
फड़के उनके होट,
काकीजी ने जेब से, खींच लिए सब नोट।

आए जब-जब ज़िंदगी
में कोई तूफान,
विचलित जो होते नहीं, वे इंसान महान।

आकर्षक सुंदर लगे,
सदा दूर के ढोल,
अधिक निकट मत जाइए, खुल जाएगी पोल।

आग-फूस के मेल से,
ज्वाल प्रज्वलित होय
चुंबक लोहे की कशिश, जानत हैं सब कोय।

आग-फूस के वैर को,
जानत हैं सब कोय,
सुघड़-सुंदरि देखकर, पंडित खंडित होय।

आगा-पीछा देखकर,
क्यों होते ग़मगीन,
जैसी जिसकी भावना, वैसा दीखे सीन।

आज एक कल दूसरा,
चेंज कीजिए यार,
नित्य नई दे ताज़गी, ताज़ा-ताज़ा प्यार।

आज्ञा उनकी मानिए,
हुक्म न दीजे आप,
महिला-युग जब तक रहे, बैठ रहू चुपचाप।

आज्ञाकारी पति मिले,
काम करे अर्जेंट,
फिफ्टी-फिफ्टी पति रहे, फिफ्टी हो सर्वेंट।

आता है जब क्रोध का
तन-मन में तूफ़ान,
अपने दिल की आग से, भस्म होय इंसान।

आती ऐसे जवानी,
ज्यों आँधी-तूफ़ान,
चढ़ा बुढ़ापा हो गए, ठंडे सब अरमान।

इच्छा-तृष्णा छोड़कर,
करले जीवन धन्न,
खाए भिक्षा माँगकर, रूखा-सूखा अन्न।

इज़्ज़त जिसकी लुट गई,
गया मान-सम्मान,
जीवित रहते हुए भी, मुरदा वह इंसान।

इत्रदान में इत्र है,
पानदान में पान,
मच्छरदानी क्यों कहें, उसमें हैं इंसान।

इधर-उधर मुँह फाड़ते,
बाबूजी बी.काम.
बीवी के बंधन बँधे, मुँह पर लगी लगाम।

इधर चरित-निर्माण है,
उत शासन से प्यार,
दो नावों में पैर रख, कौन हुआ है पार?

इन दोनों के फ़र्क को,
जानत है संसार,
प्यार प्यार से प्राप्त हो, पैसे से व्यापार।

इल्म इश्क़ का दिखाकर,
लेय सितारे दाद,
भय से नाता तोड़कर, निर्भयता कर प्राप्त।

इस कलयुग में सत्य की,
ऐसी-तैसी होय,
झूठा गद्दी माँगता, सच्चा बोझा ढोय।

इस दुनिया में जी रहे,
मानव लाख-करोड़,
धरती को माँ मानकर, नाता लीजे जोड़।

इस दुनिया में दो बड़े,
दामोदर औ' दाम,
दामोदर बैठे रहें, दाम करें सब काम।

इसी धरा पर देख लो,
स्वर्ग-नर्क का फ़र्क,
फ़िल्मी बँगले स्वर्ग हैं, अस्पताल है नर्क।

ईश्वर को इस वास्ते,
याद करें हम-आप,
बाँट लेय भगवान् भी, फिफ्टी-फिफ्टी पाप।

ईश्वर ने बख्शी नहीं,
इतनी ऊँची अक्ल,
फिर बतलाओ किस तरह, करते काका नक्ल।

ईश्वर या इंसान से,
करो किसी से प्यार,
प्यार नहीं जिसके हृदय, जीवन को धिक्कार।

उगते सूरज को करें,
जो जन नित्य प्रणाम,
'नेत्र-ज्योति में वृद्धि हो, चेहरा बने ललाम।

उच्चकोटि का राखिए,
अपना चाल-चरित्र,
आकर्षण के केंद्र तब, बन-सकते हो मित्र।

उड़कर आती भाग्य से,
गर्दिश की जब गर्द,
घोर मुसीबत में पड़े, औरत हो या मर्द।

उनका यह सिद्धांत था,
कम बोलो श्रीमान,
जब गद्दी मिल जाय तब, कर हरिजन-कल्याण।

उनकी चिंता आप क्या,
जान सकें मिस्टर्र,
चिंता में मोटे हुए, सींक-छाप लीडर्र।

उनकी तिरछी नज़र का,
लग जाए जब तीर,
घायल होकर गिर पड़ें, बड़े-बड़े बलवीर।

उनको पीने दीजिए,
जो पी रहे शराब
पीकर के हम हास्यरस, कवि बन गए जनाब।

उस घर में शादी करो,
घर वाले हों नेक,
सुंदर-सुंदर सालियाँ, होवें दर्जन एक।

उससे ही वह मिल सके,
जो जिसमें है व्याप्त,
प्रेम मिलेगा प्रेम से, धन से धन हो प्राप्त।

ऊँचा साबित कीजिए,
ऊँची गप्पें हाँक,
ऊँचा मानव है वही, जिसकी ऊँची नाक।

ऊँची एढ़ी लाभप्रद,
समझो नहीं प्रपंच,
गट्टी लड़की होय तो, बढ़ जाती छह इंच।

ऊँची कुर्सी पर चढ़े,
अहंकार में ग़र्क,
मुँह पर दिखे समानता, दिल के अंदर फ़र्क।

ऊँचे चढ़ इतराओ मत,
गर्व न करिए भूल,
फूल रहा कल फूल जो, आज चाटता धूल।

ऊपर-ऊपर अश्रु हैं,
भीतर मन मुस्कान,
असली-नकली की बहुत, मुश्किल है पहचान।

ऊबड़-खाबड़ चाँद है,
मारी एक छलाँग,
खतरे में पड़ जाउगे, टूट जाएगी टाँगा।

एक आँख में स्वार्थ हो,
एक आँख में प्यार,
कुछ दिन में ही हुस्न वह, हो जाता बेकार।

एक प्रेमिका ने किया,
मजनूँ बुद्धि-विहीन,
उसका होगा हाल क्या, जिसके पल्ले तीन।

एक फूल को देखकर,
दूजा भी खिल जाय,
छोड़ ईर्ष्या, छल-कपट, दिल से दिल मिल जाय।

एक भरोसो, एक बल,
एक आत्मविश्वास
नकल करौ है जाउगे, फर्स्ट डिवीजन पास।

एक रात्रि को स्वप्न में
बोले त्रिभुवन नाथ
पाप-पुण्य ही जाएँगे, काका तेरे साथ।

एक लाख की लाटरी,
दें भगवान् निकाल,
सवा रुपे का भोग हम, लगवा दें तत्काल।

एलैक्शन की हार में,
लागी दिल पर चोट,
हाय विरोधी ले गया, मेरे सारे वोट।

ऐसा ससुर तलाशिए,
पैसे वाला नेक,
उसके घर में पत्नी हो, लल्ली केवल एक।

ऐसी मिट्टी कहाँ से,
लाया तू भगवान्
मूर्ति देख ज्ञानी थके, ध्यानी भूले ध्यान।

ऐसी है संसार में,
मर्दों की कुछ जात,
लगे पराई पत्तलों का ही मीठा भात।

औसर मानुस-जन्म का,
मिलै न बारंबार,
प्याले का प्याला पियो, यहि जीवन का सार।

कच्ची होती है बहुत,
प्रेम-इश्क दीवार,
आज यार से प्यार है, तो कल है तकरार।

कण-कण में कण सूक्ष्म है
नहीं दीखते ईश
मंदिर मूरति देखकर, स्वयं झुक गया शीश।

कन्या कोमल कली है,
कपट-रहित मुस्कान,
फूल खिला, यौवन मिला, महक गया उद्यान।

कभी ख़त्म होंगे नहीं,
राजनीति के युद्ध,
अर्थ और यश के लिए, चमचे बनो विशुद्ध।

कभी घूस खाई नहीं,
किया न भ्रष्टाचार,
ऐसे भोंदू जीव को, बार-बार धिक्कार।

कभी मिठाई तो कभी,
खट्टा भाय अचार,
कभी प्यार के साथ ही, मजा देय तकरार।

कभी हँसे-खेले नहीं,
मनोरंजन से दूर,
यों जीवन उड़ जाएगा, जैसे धूप-कपूर।

करजा वाले वानियाँ,
तू क्यों घुड़के मोहि,
सीट प्राप्त हो जान दे, तब देखूँगा तोय।

'कर' कर-करके चौगुने,
ठप्प किया व्यापार,
बैठे कर पर कर धरे, धन्य-धन्य सरकार।

करते रहिए काम नित,
बनकर के निष्काम,
हल हो जाए ज़िंदगी, मिलें नाम और दाम।

करने को तैयार हो,
वह चप्पल का वार,
शीश झुका दो सामने, हो जाए उद्धार।

करहु खुशामद दौरि के,
चूम लेउ पदत्राण,
इससे सर्विस ना मिले, पकड़ हमारो कान।

करे दिखावा प्रेम का,
चरे मुफ़्त के माल,
मौक़ा आए मिलन का, उड़ जाए तत्काल।

करे विधाता जिस समय,
बुद्धि-ज्ञान को नष्ट,
ग़लत काम करने लगे, हो जाता पथभ्रष्ट।

क़र्ज़ा दे दो दोस्त को,
दोस्त हज़म कर जाय,
दोनों मित्रों का हृदय, नफ़रत से भर जाय।

कर्मक्षेत्र अपनाइए,
बनकर निष्ठावान,
पहुँच लक्ष्य के कक्ष में, हो उन्नति-उत्थान।

कल तक जो अनुकूल थे,
आज होंय प्रतिकूल,
तब फूलों की सेज भी, बन जाती है शूल।

कलयुग के ईमान की,
बड़ी भयंकर छाप,
जनता जाए भाड़ में, माल बटारें आप।

कलयुग में पैसा प्रमुख,
पैसे का संसार,
पैसा हो यदि पर्स में, भागा आए प्यार।

कला मुहब्बत की सभी,
जानें जैन्टिल मैन,
दिल तो पिछलग्गू बना, प्रथम मिले थे नैन।

कला-साधना अति
कठिन, साधारण मत जान,
पहले पागल होय फिर, वह बन जाय महान्।

कलियुग में 'काका' करें,
किसका इत्मीनान,
होते हैं श्रीमानजी, दीवारों के कान।

कलियुग में क्यों गा रहे,
सतयुग का यह राग,
साबुन से सब साफ़ हो, कैसा भी हो दाग।

कलियुग में पैसा प्रमुख
पैसे का संसार
पैसा हो यदि पर्स में, भागा आए प्यार।

कली खिली, बचपन गया,
जवाँ बन गया फूल,
कुछ दिन तक यौवन रहा, चाट रहा फिर धूल।

कविजी जिसका स्वयं भी,
समझ न पाए अर्थ,
उसे नयी कविता कहें, शब्दाडंबर व्यर्थ।

कविता लिखते हास्य की,
कभी न होते त्रस्त,
हास्यरसी हैं इसलिए, रहें हास्य में मस्त।

कहा कहूँ छवि आपकी,
भले बने हो नाथ,
'काका' मस्तक जब नबै, एटम-बम लेउ हाथ।

काँटों से जो डर गया,
डूबी उसकी नाव,
शूलों के सिर पर चढ़ा, हँसता फूल गुलाब।

काका अच्छे-भले की,
मुश्किल है पहिचान,
भीतर से हैवान है, ऊपर से इंसान।

काका इस संसार में,
मत बैठो चुपचाप,
कलम बंद हो जाए तो, जीभ चलाओ आप।

काका किसका धन हरे,
कोयल किसको देय,
मीठी वाणी बोलकर, जग अपना कर लेय।

काका की कविता पढ़ो,
करो काव्य से नेह,
हास्य-व्यंग्य के रंग से, स्वस्थ-मस्त हो देह।

'काका' कुतिया पालिए,
बिन कुतिया घर सून,
जैसे टाई के बिना, व्यर्थ कोट-पतलून।

'काका' की कविता रहे,
बिन काकी के सून,
ज्यो मंसूरी के बिना, व्यर्थ देहरादून।

काका के मस्तिष्क में,
भरा हास–परिहास,
मनहूसी से दूर हैं, कारण है यह खास।

काका के हर कृत्य पर,
क्यों करते हो जंग,
दलबदलू गिरगिट बने, बदल रहे है रंग।

'काका' दाढ़ी राखिए,
बिन दाढ़ी मुख सून,
ज्यों मंसूरी के बिना, व्यर्थ देहरादून।

काका निज इनकम कबहु,
काहू को न बताय,
ना जाने किस भेष में, आई.टी.ओ. मिल जाय।

काका निर्णय दे रहे,
मान चहे मत मान,
पागलपन है इश्क़ में, पैसे में अभिमान।

काका पर करके कृपा,
रखदो सिर पर हाथ
जन-गण को नित हँसाऊँ, जब तक जीऊँ नाथ।

काका बैठे फ़र्श पर,
काकी पौड़ी सेज,
लालमिर्च से दसगुनी, समझो उसको तेज।

'काका' या संसार में,
कर लीजे दो काम,
लेने को रुपया भला, देने को न छदाम।

'काका' या संसार में,
चक्क छानिये भंग,
फेरि सिनेमा देखिए, मिस खट्टो के संग।

'काका' या संसार में,
व्यर्थ भैंस अरु गाय,
मिल्क पाउडर डालकर, पी लिपटन की चाय।

'काका' या संसार में,
व्यर्थ राम का नाम,
नोट जेब में होंय तो, बन जावें सब काम।

काका से लें सुंदरी,
जब-जब ऑटोग्राफ़,
मन में जलें किशोर कवि, यह कैसा इंसाफ़।

काकी काजल करधनी,
कर कंगन कनफूल,
कंचन कंठी कंचुकी काका करें कबूल।

काकी काजल लगाकर,
काफ़ी लेकर आय,
काका का दिल पिघलकर, प्योर मोम बन जाय।

काकी को भाएँ नहीं,
बिना बाल के गाल,
लात मार फटकार दें, घर से देयँ निकाल।

काकीजी के पर्स के,
हों समाप्त जब नोट,
काका की माला जपें, कर घूँघट की ओट।

काकी बेलन थामकर,
दिखलाती जब जोश,
नेत्रबंद कर मुँह ढकें, हो जाते बेहोश।

क़ातिल बनकर आदमी,
रहा आदमी मार,
पशु-पक्षी निर्दोष हैं, करें आपसी प्यार।

कापी-जाँचक से कहें,
पापाजी निश्शंक,
बेटी है यह आपकी, बढ़ा देउ कुछ अंक।

कामकाज को छोड़कर,
आहें भरता सर्द,
'काका' ऐसे मर्द को, मिले दर्द ही दर्द।

कामशास्त्र के रसिक नर,
जानत हैं सब कोय,
उठे इश्क का ज्वार जब, दिल में लुपलुप होय।

कायम रख ईमान को,
रहो निभाते प्रेम,
दिलवर का दिल जीत लो, बने आपका क्लेम।

कायम है इस जगत् में,
जब तक पूँजीवाद,
सुनने वाला कौन है, निर्धन की फरियाद।

काया पर आलस्य का,
मत लगने दो दाग़
घिसते रहिए क़लम नित, पैना होय दिमाग़।

काया पर जब बुढ़ापा
चढ़ बैठे श्रीमान,
इंजैक्शन दो हास्य के, दिल हो जाय जवान।

काल खाय तो आज खा,
आज खाय तो अब्ब,
गेंहूँ मंदे है गए, फेरि खायगो कब्ब।

काले-काले सेठ जी,
तरबूजे-से गाल,
काका कहें पधारिए, ताऊ सुंदरलाल।

काले धन की कृपा से,
बुढ़ऊ बने जवान,
छूकर देखो सर्प को, निकल जाएँगे प्राण।

काले बुरके की कला,
जानत हैं सब कोय
गोरी दीखे कामिनी, चाहे काली होय

काव्य और संगीत है,
सरस्वती की देन
बुद्धि और प्रतिभा न हो, क्या कर सकता पैन।

काव्य-कला-साहित्य में,
नवरस हैं मशहूर
ढाई आखर प्रेम के, सब रस से भरपूर।

किसको मानें दोस्त हम,
यह कलिकाल विचित्र,
नोटों का बंडल समझ, सबसे बढ़िया मित्र।

किसी तरह यदि सफलता,
तुम्हें नहीं मिल पाय,
मक्खनबाज़ी सीखिए, कार्यसिद्ध हो जाय।

किसी पार्टी से टिकट,
गधा प्राप्त कर लाय
झाड़ दुलत्ती वोट वह, सबसे ज़्यादा पाय।

किसी प्रश्न पर लड़ पड़ें,
अगर कामिनी-कंत,
दो आँसू टपकाइए, होय युद्ध का अंत।

किसी मित्र से मुहब्बत,
शुरू करें जब आप,
उसके दिल का एक्सरे करवालो चुपचाप।

कीचड़ हो जब स्वार्थ की,
न्याय-नीति पछताय,
जिसकी लाठी बलवती, भैंस वही ले जाय।

कीटाणु जब प्यार के,
एक बार घुस जाएँ,
लाख दवाएँ खाइए, कभी निकल ना पाएँ

कुछ दिन ही कायम रहे,
जुल्फ़ों वाली रात,
गई जवानी आ गई, मावस काली रात।

कुछ वोटों से हो गई
मंत्री जी की हार,
बिछुड़े साथी-संतरी, छूटीं कोठी-कार।

कुत्ते को जो चूमते,
मेम होंय या साब,
चिपक जाय यदि 'एड्स' तो डूबे जीवन-नाव।

कुरसी रानी से रहे
नेताश्री को मोह,
करते प्रभु से प्रार्थना, इससे न हो बिछोह।

कुत्ते, बंदर या गधे,
कभी न देखे त्रस्त,
इन पर राशनकार्ड नहिं, फिर भी हैं अलमस्त।

कुरसी लालच-द्वेष की,
लूटम-फूट प्रपंच,
बंदर आपस में लड़ें, बिल्ली छीना मंच।

कूटनीति की लूट है,
लूट सके तो लूट,
नेता बोले सत्य तो, उसको मानो झूठ।

कूटनीति में दक्ष थे,
राजनीति के भूत,
शासन में चिपका दिए, अपने नाती-पूत।

कूटनीति से भी बड़ी,
लूटनीति की चाल,
गज से लड़ने के लिए गधा ठोंकता ताल।

कैंसिल कर दो विधाता,
सब मर्दों की मूँछ,
पीछे चिपका दीजिए, बैल-सरीखी पूँछ।

ख़तरनाक होती बहुत,
नागिन की मुस्कान,
रूठ जाय तो खींच ले, डंक मारकर प्रान।

ख़तरा मोल न लीजिए,
सुनो खोलकर कान,
पत्नी रूठे जिस समय हो जा अंतर्धान।

खा जाए ईमान को,
लेवे नहीं डकार,
उस ईमानी जीव पर, काका कवि बलिहार।

खाने के लाले पड़े,
दरवाज़े पर टाट,
पापा जी को रो रहे, घर में बच्चे आठ।

खाली पाकिट होय तो,
साथी दें नहिं काम,
थैली में हों नोट तो, शीश झुकायँ तमाम।

खिली 'मून' की चाँदनी,
गए छत्त पर लेट
'हनी' साथ में ले गए, स्वाद मिला भरपेट।

खुदी मिटाकर प्रेम में,
प्रेमी ख़ुद खो जाय,
समझो उसको सफलता, लवमैरिज हो जाय।

खुल जाती हैं हास्य से,
दिल-दिमाग़ की नस्स,
रस का राजा हास्यरस और सभी नीरस्स।

खेल-खेल में लड़ गई,
जब चिड़िया से आँख,
दिल को लेकर उड़ गई, फर-फर करके पाँख।

खोटा आता वक़्त जब,
सीख न कोई भाय,
तुम पूरब को कहोगे, वो पश्चिम को जाय।

खोटे हों नक्षत्र जब,
खोटा आता वक़्त,
ठोकर मारे हास्य में, रुला देय कमबख़्त।

खुशियाँ कर देती वहाँ,
जाने से इंकार,
जहाँ खड़े मनहूस हों, बनकर पहरेदार।

गंजा है तो क्या हुआ,
कंघा चाँद फिराय,
बाल न हों तो क्या हुआ, खुजली तो मिट जाय।

गंजे होते हैं वही,
व्यर्थ बजाते गाल,
झाड़ देयँ घरवालियाँ, उनके सिर के बाल।

गइया को मइया बना,
दूध लीजिए दोय,
फिर छोड़ो बाज़ार में, पुण्य मुफ़्त में होय।

गणतंत्री सरकार का,
कैसा उल्टा राग,
परेशान करता हमें, इनकम टैक्स विभाग।

गदहे को भगवान ने,
बख़्शी अक्ल अजीब,
चाहे जितना लाद दो, कुछ नहीं कहे ग़रीब।

ग़म कम करने के लिए,
जाउ न मय के पास,
आदत में आ जाय तो, करदे सत्यानास।

गर्दन तक फहरा रहे,
क्वारे जी के बाल,
उसे विवाहित जानिए, पिचक गए हों गाल।

गर्मी में गर्मी लगे,
जाड़े ठिठुरन रैन,
मच्छर है बरसात में, कभी न पाया चैन।

गहराई से सोचकर
दीजे इस पर ध्यान,
जैसा जो इंसान हो, वैसा दिखे जहान।

गांधी जी आएँ नहीं,
कर दो टेलीफ़ोन,
उनकी पीढ़ी मर चुकी, पहचानेगा कौन?

गायक पक्के जानिए,
जिनका पक्का गान,
कुत्ता हू भौंकन लगे, सुन जबड़े की तान।

गाल लाल, लब लाल हैं,
लाली से भरपूर,
इसीलिए वे माँग में, भरतीं लाल सिंदूर।

गीता में स्पष्ट है,
मानव का क्या धर्म,
फल की आशा छोड़कर, करते रहिए कर्म।

गुंडा टाइप छात्र से,
रिस्क न कोई लेय,
गुंडी छात्रा मिले तो, अक्ल ठीक कर देय।

गुनाहगार को मारता,
जल्लादी इंसान,
बेगुनाह को मारते, उन्हें कसाई जान।

गुरु ईश्वर या देवता
व्यर्थ हो गए आज
कलियुग में सबसे बड़े मिनिस्टर महाराज।

गुरु जी को गुड़ भी नहीं,
चेले चीनी खायँ
चेला गद्दी पर जमे, गुरुजी पैर दबायँ।

गुरु से चेलाराम की,
जब-जब टक्कर होय,
गुरु गुड़ ही रह जाएँगे, चेला शक्कर होय।

गोरी-गोरी सुंदरी,
मालदार ससुरार,
होय शहर या गाँव की, कर लीजे स्वीकार।

गोरी चमड़ी देखकर,
छोड़ दिया ईमान,
ऐसे कामुक जीव को, कामी-कुत्ता जान।

घड़ी अटैची दोस्त से
ले लीजिए उधार,
कभी न माँगे आपसे, समझो सच्चा यार।

घबराओ मत मित्रवर,
थामे रहो लगाम,
दीवाने ही कर सकें, साहस के कुछ काम।

घबराहट हो हृदय में,
समझो दूषित प्यार,
कायर प्रेमी सीढ़ियाँ, नहीं कर सकते पार।

घर-गृहस्थ से ऊबकर,
मन हो जाय निराश,
जिनकी पत्नी मरखनी, वे लेते संन्यास।

घरवाली जब आपकी,
खींचे अधिक नकेल,
शांति-प्राप्ति के वास्ते, चले जाइए जेल।

चंदा-सा मुखड़ा सुघड़,
कमल सरीखे नैन,
तन-मन में मधुरस भरें, मधुर रसीले बैन।

चंद्रमुखी इक साल तक,
सूर्यमुखी दो साल,
फिर होकर ज्वालामुखी, करे हाल-बेहाल।

चमकाना है आपको,
यदि अपना व्यापार,
गप्प-कला अपनाइए, छोड़ सम्य आधार।

चटनी चें-चें कर रही,
सोंठ रही है ऐंठ,
खाना हो तो खाइले, उठी जात है पेंठ।

चढ़ निष्ठा की नाव में,
पकड़ कर्म-पतवार,
निर्भयता से कीजिए, जीवन-नदियाँ पार।

चढ़े इश्क का ज्वार तो,
पागलपन बढ़ जाय,
बिंदिया दीखे स्वप्न में, तो निंदिया उड़ जाय।

चढ़े जवानी तो उठे,
मन में रंग-तरंग,
छापा मारे बुढ़ापा, शिथिल होंय सब अंग।

चप्पल में गुन बहुत हैं,
मिलती इनसे सीख,
बिन चप्पल के अक्ल नहिं, गुंडों की हो ठीक।

चमचे वोटर हों जहाँ,
चमचे पैरोकार,
राज करे उस देश पर चमचों की सरकार।

चलते मानव-बुद्धि से,
जीवन के सब खेल,
बिना बुद्धि जप, भक्ति-तप हो जाते हैं फेल।

चश्मा घूँघट से हमें,
हैं दो लाभ महान,
छनी-छनी चितवन मिले, छिपी-छिपी मुसकान।

चश्मा हरियल रंग का,
नेता को दे शांति,
सूखा में भी दिखेगी, उसको हरियल क्रांति।

चाकू, अपने पर्स में,
रखो सर्वदा साथ,
कभी 'लिफ्ट' के वास्ते, नहीं दिखाना हाथ।

चाट गए चमचा चतुर,
वोटर मारी चोट,
सभी भाड़ में झुक गए, दो नंबर के नोट।

चार दिनों की चाँदनी,
काहे को इतरात,
गई जवानी आ गई, मावस काली रात।

चार पहर गपशप लड़ा,
तीन पहर तू सोय,
एक पहर में लंच कर, जब आफीसर होय।

चाह-चाह की राह में,
भटक रहे बेकार,
दिल से दिल मिल जाय जब समझो उसको प्यार।

चाहे जितनी आय हो,
मिटे न मन की हाय,
'दौलत' में लत घुस रही, छूटे नहीं छुटाय।

चिंता कुछ मत कीजिए,
देखत रहिए राह,
जब आए मिस मुसीबत, कभी न भरिए आह।

चिंताओं से मुक्त हो,
रहे सदा अलमस्त,
विजयश्री मिलती रहे, कभी न होय शिकस्त।

चिपक गया जो जिस
जगह, मानव हो या कीट,
नहीं छोड़ना चाहता, कोई अपनी सीट।

चिल्लाकर कहने लगा,
मिस 'किसमिस' का बाप,
इसको लेकर यहाँ से, निकल जाइए आप।

चीनी से मीठा शहद,
चाट स्वाद पहचान,
इससे भी मीठी लगे प्रेयसि की मुस्कान।

चील-बिलाऊ काढ़ि रंग,
काग़ज़ पर फैलाय,
कलापूर्ण वह चित्र है, टाइटिल पर छप जाय।

चुभन शूल से, फूल से
मिलती मधुर सुगंध,
निश्छल-निर्मल प्यार से, प्राप्त होय आनंद।

चूनर ओढ़ो प्रेम की,
छोड़ो लाज-लिहाज,
आओ मेरी प्रियतमा, होली खेलो आज।

चेहरे पर चमके सदा,
जीत होय या हार,
नहीं छिपाने से छुपे, खाँसी-खुर्रा-प्यार।

चैक कैश कर बैंक से,
लाया ठेकेदार,
आज बनाया पुल नया, कल पड़ गई दरार।

चोटी मत समझो इन्हें,
दो साँपिन बल खायँ
हाथ बढ़ाए जो उधर, उसे तुरत डस जायँ।

चोरबज़ारी जो करे,
व्यापारी मनहूस,
मुँह काला कर गधे पर, निकालो भव्य जुलूस।

चौबीसों घंटे रहे,
जिसकी रोनी शक्ल,
हम रोते हैं देखकर, उस उल्लू की अक्ल।

छोड़ो देवी-देवता,
खुश रक्खो हुक्काम,
कुर्सी-देवी को भजो, सफल होंय सब काम।

जख़्म तीर तलवार का,
मरहम से भर जाय,
किंतु कलम की मार का, घाव नहीं भर पाय।

जन-गण-मन में गुदगुदी,
हास्य-व्यंग्य का लक्ष्य,
कार्टूनिस्ट की तूलिका, व्यंग्य-रंग में दक्ष।

जनता की सेवा करो,
छोड़ कपट-छलछंद,
दुख-दरिद्र का नाश हो, प्राप्त होय आनंद।

जन-शासन में लूट है,
लूट सके तो लूट,
महँगाई के लट्ठ सों, चाँद जाएगी फूट।

जनसेवा की ढोलकी,
पीटो सुबहो-शाम,
कितने भी बदनाम हो, हो जाओ सरनाम।

जनहित जाए भाड़ में,
स्वार्थ-भावना व्याप्त,
मान और अपमान तज, कुर्सी करिए प्राप्त।

जप-तप-तीरथ व्यर्थ हैं,
व्यर्थ यज्ञ औ' योग,
करजा लेकर खाइए, नितप्रति मोहन-भोग।

जब चुनाव में हारने
की मिलती है न्यूज,
तब नेता के ह्रदय का, उड़ जाता है फ़्यूज।

जब-जब आती देश में
होली अथवा ईद
आपस में मिलते गले, शंभू और सईद।

जब-जब बम न्यूट्रोन का,
आता हमको ध्यान,
लगता है विज्ञान को, निगल जाए विज्ञान।

जब तक मन में फूँक थी,
तब तक खाई घूस,
पंचर से नहिं बच सके, घूसख़ोर मनहूस।

जब तक रहती प्रेमिका,
करती मीठी बात,
वह पत्नी बन जाय तब, दनदनाय दिन-रात।

जब प्रेमी सुनता नहीं,
फरमाइश की बात,
मुक्का मारे प्रेमिका, तोड़े उसके दाँत।

जब मदांध होकर चले,
उलटी-सीधी गोट,
तब जीवन शतरंज में खा जाता है चोट।

जब मैं था तब हरि नहीं
दिखे हज़ारों कोस,
जब हरि आए, मैं नहीं, रहा यही अफसोस।

जब वे महिला वर्ष में,
मना रही थीं हर्ष,
हम ले आए खींचकर काकी जी का पर्स।

जर, ज़मीन, जोरू सभी,
काका कवि के पास,
जब तक जीएँ हास्य का, करते रहें विकास।

जल-थल, नभ-चर, अचर
पर, छाया फ़िल्मी रंग,
इसी रंग में सब रँगे, बूढ़े, बालक, यंग।

ज़हर-ज़हर को मारता,
लोहा काटत लोह,
दिल को काटे दिलजला, होता तुरत बिछोह।

जहाँ-जहाँ पर खिल रही,
घृणा-द्वेष की धूप,
हत्या-हिंसा का वहाँ, दिखे घिनौना रूप।

जान रहा है भस्म हों,
जलकर अंग-प्रत्यंग,
फिर भी देखो दीप पर मँडरा रहा पतंग।

ज़िंदादिली व जवानी,
बहिनें खासम-खास,
भाग्यवान वह व्यक्ति है, दोनों जिसके पास।

ज़िद दोनों की अड़ गई,
और पड़ गई फूट,
तू-तू मैं-मैं बढ़ गई, गई मुहब्बत छूट।

जिनक़ो आदत लात की,
कैसे माने बात,
इमरजैंसी लगा दो, ठीक होंय हालात।

जिसके मुख पर खेलती,
सदा मधुर मुस्कान,
उस विचित्र इंसान से, डरता है शैतान।

जिस दल-नेता से मिलें,
पहनें वैसा ड्रेस,
'गिरगिट' बनकर कर रहे, दिन दूनी प्रोगेस।

जिस पर ईर्ष्या हो रही,
उसका कुछ नहिं जाय,
अपनी ईर्ष्या से स्वयं, ईर्ष्यालु जल जाय।

जिस बेलन को आपकी
मम्मी करतीं यूज,
पापा जी की अक्ल का, उड़ जाता है फ़्यूज।

जिस मानव-मस्तिष्क में,
घुस जाता शैतान,
तन से, मन से उस समय, हट जाता भगवान।

ज़ीरो बन हम जी रहे,
महँगाई से तंग,
हीरो मौज उड़ा रहे, सुरा-सुंदरी-संग।

जीव, कर्मबंधन बँधा,
भोग-भाग्य के साथ,
हानि-लाभ, जीवन-मरण, यश-अपयश विधि हाथ।

जीवन में और मृत्यु में,
पल-भर का है फ़र्क़,
ज्ञानी-ध्यानी थक गए, करके तर्क-वितर्क।

जीवन से जो तंग हो,
उसे मनुष्य न जान,
हास्य-व्यंग्य के रंग से, फैले मुख-मुस्कान।

जूआ, चोरी, मुखबिरी,
रिश्वत गुन की खान,
एती वस्तु न छोड़िए, जब लग घट में प्रान।

जूती खाई एक ही,
इच्छा रही अपूर्ण,
मिल जाए यदि दूसरी, जोड़ी होवे पूर्ण।

जेब़ काटकर जेबकट,
इधर-उधर हट जाय,
प्रेयसि की पायल बजे, जेब स्वयं कट जाय।

जैसा अवसर देखते,
वैसा करते वार,
जहाँ काम आवे सुई, वहाँ व्यर्थ तलवार।

जैसी जिसकी उम्र है,
वैसी उठे उमंग,
बुढ़िया दादी खेलतीं, पोती-पोते-संग।

जैसे बिना करैंट के,
व्यर्थ इलैक्ट्रिक तार,
सूनी है वह ज़िंदगी, मिले न जिसको प्यार।

जो जन चाहें स्वयं का,
हो उत्थान, विकास,
भोग-भाग्य से कर्म पर, रखें अधिक विश्वास।

जो दिलवर के वास्ते,
छोड़ देय घरबार,
क़द्र कर सके प्यार की, ऐसा ही दिलदार।

जो न किसी का हित करे,
स्वार्थी लोभी लाल,
समझो उसकी आँख में, है सूअर का बाल।

जो पत्नी को पीटता,
कह दें उससे आप,
दुनिया में कोई नहीं, इससे बढ़कर पाप।

जो लड़की-लड़के करें
माता का अपमान,
उन्हें नरक में ठेलते, श्री यमराज महान्।

जो लड़के माँ-बाप का,
करते हैं अपमान,
यही कर्म अपनाएगी, उनकी भी संतान।

जो सुख देता दोस्त को,
उसको मिलता सुक्ख,
करो दोस्ती छानकर, नहीं मिलेगा दुक्ख।

ज्ञान, ध्यान, भगवान से,
पूँजीवाद महान,
कर का मनका छोड़कर, धन का कर गुणगान।

ज्यों महँदी के पात में,
लाली लखी न जाय,
त्यों पत्नी के साथ में, साली लखी न जाय।

झगड़ा हो ससुराल में,
कौन सुने फरियाद,
ऐसे आड़े वक़्त में, आती माँ की याद।

झूठ-कपट, छल-छिद्र से,
किए इकट्ठे पाप,
जीवन-भर करते रहे, धन-दौलत का जाप।

झूठ बराबर तप नहीं,
साँच बराबर पाप,
जाके हिरदे साँच है, बैठा-बैठा टाप।

झूठा श्रम-जंजाल तज,
अटल नियम यह जान,
बिना कृपा भगवान् की, सफल न हो विज्ञान।

झोंक भाड़ में सभ्यता,
डाल कुएँ में धर्म,
किए जाएँ शुभकर्म यह, रखें ताक पर शर्म।

टिक-टिक करती है घड़ी,
नहीं चलाती होंठ
झिक-झिक करती औरतें, जीभ मारती चोट।

टूट जाय दिल प्रेम से,
हो जाओ बेहोश,
पिओ अर्क संतोष का, आ जाएगा होश।

टूटी-फूटी सड़क है,
ध्यान न दे सरकार,
सुघड़ सुंदरी मारुती, हो जाएँ बेकार।

टैम्पेरेरी प्यार तज,
करिए परमानैंट
नीयत में नेकी रहे, जमे सैंट-परसैंट।

डाक-तार-संचार का,
'प्रगति' कर रहा काम,
कछुआ की गति चल रहे, लैटर-टेलीग्राम।

डाक्टर वैद्य बता रहे,
कुदरत का क़ानून,
जितना हँसता आदमी, उतना बढ़ता ख़ून।

डाक्टर बोले प्रभु करें
ऐसी कुछ तजवीज
अस्पताल में भीड़ हो, क्यू में लगें मरीज।

ढाई आखर प्रेम का,
ढूँढ रहे थे अर्थ,
ज्ञानी-ध्यानी थक गए, गया परिश्रम व्यर्थ।

तथ्य निकाला सत्य का,
देखे शास्त्र अनेक,
वाइफ अच्छी होय तो लाइफ बनती नेक।

तन पवित्र साबुन रगड़,
धन पवित्र खा ब्याज,
मन पवित्र गाली दिए, मिटत हिये की खाज।

तन से, मन से नष्ट हो,
मनहूसों का गम्म,
उन्हें हँसाने को बने, दाढ़ी वाले हम्म।

तलब लगी तो लव हुआ
'लब' से टपके लार
मतलब में भी लव घुसा, जुड़ा प्यार से प्यार।

ताज़ा-ताज़ा प्रेमिका,
जब बासी हो जाय,
तब प्रेमी को चाहिए, संन्यासी हो जाय।

तार-तार दिल के मिलें,
रोक सके नहिं कोय,
मिलो-जुलो दिल खोलकर, होनी हो सो होय।

तृष्णा बढ़ती जाय नित,
होय न इसका अंत,
यश-तृष्णा नहिं तज सके, साधू-संत-महंत।

तृष्णा बुरी बलाय है,
लालच से हम दूर,
धंधे के फंदे फँसे, हास्य होय काफूर।

तृष्णा बैरिन बलवती,
कर देती मदहोश,
स्वस्थ-सुखी जग में वही, जिसके मन संतोष।

त्याग और संतोष से,
बनता व्यक्ति महान,
संतोषी के सामने, सब धन धूरि समान।

त्यागी बाबा गा रहे,
त्याग त्याग का राग,
उनको क्या मालूम है, बुरी पेट की आग।

त्रेता में था राम-युग,
द्वापर कृष्ण महान्
कलियुग कुर्सी-युग हुआ, चौथा अणु-युग जान।

दंगों में मरते रहे,
बेकसूर इंसान,
नेता कोई नहिं मरा, खायँ नित्य ईमान।

दफ़्तर में यदि सत्य का,
कोई करे प्रयोग,
उसे न जमने दें वहाँ, भ्रष्टाचारी लोग।

दर्पण का निर्मल हृदय,
रहे सदा निष्पक्ष,
जैसे को तैसा दिखे, यह है उसका लक्ष्य।

दर्पण रखकर सामने,
खुद अपने को नाप,
ज़ीरो हैं पर स्वयं को, हीरो समझें आप।

दर्पण हैं साहित्य के,
कवि, लेखक, विद्वान,
इनकी रचनाएँ पढ़ो, प्रतिबिंबित हो सान।

दलबंदी को छोड़कर,
रहते हैं हम दूर,
दल-दल में जो फँस गया, होता चकनाचूर।

दलबदलूजी जिस समय,
स्वारथ से टकरायँ,
झाड़ दुलत्ती एक में, दूजे से मिल जायँ।

दस़ रुपए की साख है,
करे लाख की बात,
स्वप्न-सुंदरी देखते, भूल गए औक़ात।

दस रुपए के भोग से,
हो लाखों का काम,
ईश्वर रिश्वत ले रहा, क्यों नहिं ले हुक्काम।

दाग़-पाप का फ़र्क़ यह,
समझ लीजिए आप,
दाग़ छूट जाए मगर, नहीं छूटता पाप।

दाढ़ी में गुण बहुत हैं
बुधजन करें बखान,
जिस मुखड़े पर सज गई, वह बन गया महान।

दाढ़ी में तिनका बता,
देखें सबकी ओर,
झाड़ रहा दाढ़ी वही, जो था असली चोर।

दाढ़ी लखि नारी हँसे,
नाक-आँख फड़काय,
चंद्र-बदन मृगलोचनी, काका कहि-कहि जाय।

दिन-दिन बढ़ता जा रहा,
काले धन का ज़ोर,
डार-डार सरकार है, पात-पात कर-चोर।

दिल के मिल में यकायक
लग जाए जब आग,
आँसू-बाँसू छोड़कर, गाउ इश्क़िया राग।

दिल को दिलवर ले गया,
करके लूट-खसोट,
इस घटना की पुलिस में, लिखी न जाय रपोट।

दिल पर कोई दिलजली,
मार गई हो चोट,
थाने में कर दीजिए, उसकी तुरंत रिपोट।

दिल में रहने दीजिए,
अपने दिल की बात,
निकल गई तो हवा में उड़ जाएगी बात।

दीन-हीन कंगाल हो,
सूरत-शक्ल विचित्र,
संकट में जो साथ दे, वह है सच्चा मित्र।

दीपक जी के त्याग की,
कौन कर सके होड़,
देते हमें प्रकाश नित, तम से नाता तोड़।

दुख के आँसू टपककर,
घाव करें गंभीर,
सुख-आँसू से सुख मिले, हरै हृदय की पीर।

दुख के कारण हैं सभी,
धन, औरत, औलाद,
शांति मिलेगी त्याग से, या मरने के बाद।

दुख, चिंतन, भय तीन से,
मिलकर बनता क्षोभ,
शत्रु हमारे तीन हैं, काम, क्रोध औ' लोभ।

दुख देता भगवान जब,
होती मन की शुद्धि,
सुख में भूले प्रभू को, सूख गई सद्‌बुद्धि।

दुखमय जीवन से मनुज,
हो जाता जब तंग,
तब विष में भी दीखता, उसे अमृत का रंग।

दुख-ही-दुख है जगत् में,
देंय भाग्य को दोष,
सख उस मानव को मिले, जिसे आत्म-संतोष।

दुखियारा क्या कर सके,
मन समझाए रोय,
बदलें ग्रह-नक्षत्र जब, सुख की वर्षा होय।

दुर्जन से बचकर रहो,
कर सज्जन सत्संग,
विद्वानों, गुरुजनों से विद्या धारो अंग।

दूल्हा बनकर एक दिन,
घोड़ी पर तन जाय,
छः बच्चे हो जाएँ तब, गधा स्वयं बन जाय।

दृढ़ निश्चय के सामने,
सब बाधा बेकार,
रोड़े आएँ सामने, उनको ठोकर मार।

देख-देख कर लड़कियाँ
लल्लू मन ललचायँ,
यदि कोई फँस जाय तो, हम भी ब्याह रचायँ।

देख हमें ईर्ष्या करें,
बाबू गंजेलाल,
इसी वास्ते रख लिए, हमने लंबे बाल।

देवी जी जब कर गईं,
मैंके को प्रस्थान,
अति प्रसन्न हैं देवता, भली करी भगवान।

देश-धर्म का ध्यान रख,
चलिए सीधी गैल,
पैसा तो इंसान के, हाथों का है मैल।

देश-प्रेम में जो हुए,
नर-नारी कुर्बान,
युगों-युगों तक विश्व में, हो उनका सम्मान।

दो नंबर का धन अधिक,
होवे जिसके पास,
छापे का भय सताए, रहता चित्त उदास।

दो पंछिन के बीच में
आ जाए जब काग,
उसमें ढेला मारकर, चलने दो अनुराग।

दो नंबर की बही को,
घर ले गया गुलाम,
पैर पकड़कर कर रहा, मालिक उसे सलाम।

दोष छिपाने के लिए,
सबसे सरल उपाय,
डाकू भी इस वेष में, संन्यासी बन जाय।

दौलत से भरपूर हैं,
स्वस्थ, सुखद संतान,
फिर भी करवट बदलता, असंतुष्ट इंसान।

द्वेष, क्रोध जिसमें भरा,
वह पत्थर दे दुक्ख,
जिसमें श्रद्धा-प्रेम हो, उससे मिलता सुक्ख।

धंधे चौपट होंय सब,
निबट जाय धन-माल,
अपने घर को त्यागकर, चले जाउ ससुराल।

धक्का मारा इश्क़ ने,
हुआ हृदय दो टूक,
टुकड़े से टुकड़ा जुड़ा और बढ़ गई भूख।

धन की चिंता बढ़ रही,
गुज़र नहीं हो पाय,
रेल और बस लूटते, सबसे सरल उपाय।

धन को मैल बता रहे,
भ्रष्टाचारी किंग,
उसी मैल से बना ली, दस मंज़िल बिल्डिंग।

धन-दौलत, पद-प्रतिष्ठा,
जिसके पल्ले होय,
नहीं चढ़े उसको नशा, ऐसा दिखा न कोय।

धनबल, तनबल, रूपबल,
या सत्ताबल होय,
फिर भी नहिं अभिमान हो, ऐसा मिला न कोय।

धन में ही सुख होय तो,
धन्ना मौज़ उड़ायँ,
निर्धन और गरीब सब, रो-रोकर मर जायँ।

धन-यौवन-मद में रहें,
करते रहें गुनाह,
जब जाएँगे नरक में, वहाँ भरेंगे आह।

धन ले जाए चोर तो
दोबारा आ जाय,
मन कोई ले जाए तो, तन कैसे रह पाय।

धन-लोभी के हृदय में,
है पैसे की पीर,
रोगी है जो इश्क़ का, चूम रहा तस्वीर।

धरती पर सोए पिता,
फटा चादरा तान,
तेरहवीं पर कर रहे, बेटा शय्यादान।

धर्म, कर्म या शर्म का,
छोड़-छाड़कर ध्यान,
उड़े कल्पनालोक में, बिना पंख श्रीमान।

धर्म-जाति के नाम पर,
भाषण झाड़ें आप,
जनता को गुमराह कर, क्यों बटोरते पाप!

धवल वैद्य ऐसी सफल,
दवा करे तजवीज,
दोनों को कर दे सफ़ा, मर्ज रहे न मरीज।

धाकड़ पागल देखकर,
प्रेमी हो भयभीत,
इन दोनों के युद्ध में, पागल की हो जीत।

धोखा खा जाता यहाँ,
बड़े-बड़ों का ज्ञान,
ऊपर की सब जानते, भीतर की भगवान।

धोखा देय वह नायिका
जो नित नैन नचाय,
सच्ची है वह जो तुम्हें, देख-देख शरमाय।

'नंबर दो' के प्यार से,
डरते हैं दिलदार,
बीच सड़क पर कीजिए, खुल्लम-खुल्ला प्यार।

नई-नई शादी हुई,
लक्ष्मी करती प्यार,
फिर पति को उल्लू समझ, पत्नी होय सवार।

नई रोशनी देखिए,
छोड़ पुराने राग,
बिजली के आगे भला, क्या कर सके चिराग़।

न तो चाहते मोक्ष हम,
नहीं स्वर्ग अपनायँ,
पुनर्जन्म यदि होय तो, काका कवि बन जायँ।

नरकलोक में आजकल,
जगह नहीं बिलकुल्ल,
बोर्ड लगा है गेट पर, लिक्खा हाउस फुल्ल।

नशा जवानी का चढ़ा,
भूल गए भगवान,
आज सिनेमाघर हुए, उनके तीर्थ-स्थान।

नशा चढ़ गया अक़्ल पर,
पिया इश्क का जाम,
लल्लू उल्लू बन गए, देख चीकना चाम।

नहीं अँगूठा चाहिए,
नहिं धोती लंगोट,
स्वीकारें हम दक्षिणा में, सौ के सौ नोट।

नहीं चाहिए दक्षिणा,
नहीं चाहिए दान,
थोड़ी श्रद्धा भेज दो, थोड़ा-सा सम्मान।

नहीं दिखाते कुंडली,
नहीं दिखाते हाथ,
हास्य-व्यंग्य के रंग में, भाग्य दे रहा साथ।

नहीं मिटाए मिट सके,
भाग्य-भोग की रेख,
फिर भी पहले ब्याह से, वाइफ लीजे देख।

नाराज़ी के भेद को,
और न जाने कोय,
खटपट दिन में होई तो, सुलह रात में होय।

नाराज़ी में निहित है,
प्रेम-इश्क़ की नस्स,
यदि वो तुमसे 'नो' कहे, समझो उसको 'यस्स'।

नारि-नारि के युद्ध का,
मज़ा दूर से लूट,
जो आ जाए बीच में, जाय खोपड़ी फूट।

नारी ड्राइविंग कर रही,
नर के परी लगाम,
दफ़्तर में स्वामी रहे, घर में बने गुलाम।

नारी-नागिन एक-सी,
आदत अलग विचित्र,
ज़हर-अमृत इनमें भरे, बचकर रहना मित्र।

नारी स्ट्राइक करें,
तो बेचारे मर्द
घर में चूल्हा फूँकते, आहें भरते सर्द।

नारों के बल पर चले,
नेता जी की नाव,
हट जाए यदि ग़रीबी, कैसे लड़ें चुनाव।

नाशवान है तन-बदन,
जीव अमर है तात,
दिल से दिल मिल जाय जब, रूहें करतीं बात।

निकल जाए जब हाथ से,
सत्ता वाला तख़्त,
हो जाते हैं पराये, अपने भी उस वक़्त।

निच्चकोटि की अक्ल है,
उच्चकोटि के बोल,
होवें खंड घमंड के, खुले ढोल की पोल।

निज गुण ज्ञान बघारते,
पीट-पीटकर ढोल,
पहुँचे कविवर मंच पर, बोल हो गए गोल।

नित्य नियम से बाँचिए,
पुस्तक काका-छाप,
लगें ठहाके हास्य के, धुलें पाप-संताप।

नित्य सिनेमा देखिए,
सीख जाओगे प्यार,
जान हथेली पर रखो, प्यार तेग की धार।

नियम प्रकृति का अटल
है, मिटे न भाग्य-लकीर,
आया है सो जायगा, राजा-रंक फ़क़ीर।

निर्णय खुद कर लीजिए,
क़र्ज़ बड़ा या मर्ज़,
औरत का पति मर्द है, ख़सम मर्द का कर्ज़।

निष्क्रियता से प्रगति पर,
लग जाता है ब्रेक,
कर्मवीर न बदल दें, भाग्य-योग की रेख।

नीची-नीची नज़र कर,
चलिए आँख गढ़ाय,
ना जाने किस राह में, नोट पड़ा मिल जाय।

नेता, अभिनेता सभी,
साधू, साधक, संत,
सभी जानते एक दिन, जीवन का हो अंत।

नेता ऐसा चाहिए,
जिसका गर्म दिमाग़,
जिसने जितनी बसों में, लगवाई हो आग।

नेता कोई मरे तो,
बिन नौका तर जाय,
पाप किए भरपेट नित, पुण्यात्मा कहलाय।

नेताजी की कार से,
कुचल गया मज़दूर,
बीच सड़क पर मर गया, हुई ग़रीबी दूर।

नेता जी की राय है,
मान जाइए आप,
झूठ बोलना पुण्य है, सत्य बोलना पाप।

नेता मूरख हो चहे,
फिर भी बने महान्,
मूर्ख कहाता आजकल, फटेहाल विद्वान।

नेता रूप स्वरूप यह,
नोट कीजिए आप,
चमचा वह सरकार का, जनता का है बाप।

नेता वही महान जो,
भागे वोट बटोर,
पहले मीठा मुलायम, पीछे बने कठोर।

नोट भरे हों पर्स में,
मिले धनी सिरमौर,
प्रथम प्रेमिका छोड़कर, पटा लीजिए और।

न्याय और अन्याय का,
नोट करो डिफरेंस,
लाठी जिसकी बलवती, हाँक ले गया भैंस।

न्यू फ़ैशन में खो गया,
काका-कवि का ज्ञान,
छोरी-छोरा-सी दिखे, छोरा छोरि समान।

पड़ती सिर पर जिस
समय, चप्पल गर्मा-गर्म,
कैसा भी बेशर्म हो, आ जाती है शर्म।

पड़ा-पड़ा आराम से,
बुद्धू हलवा खाय,
जब कोई टक्कर लगे, अक्कल झट आ जाय।

पढ़ना-लिखना है मना,
बनो डेंजरमैन,
रक्खो पाकिट में छुरा, छोड़ पेंसिल-पेन।

पढ़ना-लिखना हैल्थ का,
करता सत्यानाश,
नकल करो हो जाउगे, फर्स्ट डिवीजन पास।

पढ़ने-लिखने में नहीं,
लगता जिनका चित्त,
नेता बनकर फोड़ते, राजनीति की भित्त।

पढ़े-लिखे बेकार हैं,
मूरख हैं टिपटाप,
राज्यसभा में घुस रहे, कई अँगूठाछाप।

पति बेचारा व्रत करे,
आप ठूँसकर खाय,
यही पतिव्रता नारि है, जो पति पर छा जाय।

पति बेचारे पर लगे,
इनकम टैक्सी जाँच,
नारी-शासन में नहीं, पत्नी-धन पर आँच।

पत्थर के टकराव से,
आगजनी की रिस्क,
दिल से दिल लड़ जाए तो, करे तरक्की इश्क।

पत्रकार दादा बने,
देखो उनके ठाठ,
कागज़ का कोटा झपट, करें एक के आठ।

पत्नी के संग प्रेमिका,
सजी खड़ी तैयार,
एक म्यान में घुस सकें, कैसे दो तलवार?

पर-उपकारी भावना,
पेशकार से सीख,
दस रुपए के नोट में बदल गई तारीख़।

परपीड़ा, लालच, जलन,
हैं अधर्म के खंभ,
सबसे ऊँचा खंभ है, मन का झूठा दंभ।

परहित में जब तक रहे,
तब तक मानव भव्य,
अंधा होकर स्वार्थ में, भूल जाय कर्त्तव्य।

परेशान हैं आप क्यों,
मामूली-सी बात,
साथ-साथ उड़ जाइए, डाल कमर में हाथ।

पलट जाए दुर्भाग्य से,
जब उनकी सरकार,
नींद गई, आदर गया, हुई ज़िंदगी भार।

पशु कोई हँसता नहीं,
हँसना मानव-धर्म,
हँसी आय, खुलकर हँसो, छोड़ व्यर्थ की शर्म।

पहली दौलत मानते,
हास्य-व्यंग्य का ज्ञान,
दूजी दाढ़ी मानिए, तीजी काकी जान।

पहले अपनी खोपड़ी
को कर लो मजबूत,
आँख लड़ाओ मजे से, बनकर प्रेमी भूत।

पहुँचे होली खेलने,
लल्लूजी ससुराल,
पहलवान साला खड़ा, भाग लिए तत्काल।

पाकिट, प्रेमी, प्रेमिका,
तीनों एकहिं राशि,
चाहें जब ले प्रेमिका, उसकी जेब–तलाशि।

पागल कपड़े फ़ाड़ता,
प्रेमी खोजे मित्र,
खींच देय कवि की कलम, इन दोनों के चित्र।

पागल हो या पंगु हो,
या अशक्त बेकार,
माता का उसको मिले, ज़्यादा प्यार–दुलार।

पानी पीने से बुझे,
मानव–तन की प्यास,
राजनीति में सताती, सिंहासन की प्यास।

पाप कहे जो प्यार को,
वह पापी इंसान,
हो जाते हैं प्यार से, वश में श्री भगवान।

पाप-ताप-संताप में,
फँसा आज इंसान,
मुक्ति अगर इनसे मिले, बन जाए भगवान।

पाप-पुण्य की व्याख्या,
नोट कीजिए आप,
हास्य बाँटना पुण्य है, रुदन बाँटना पाप।

पापा जी से भय लगे,
कैसे दर्शन होय
प्रभु-दर्शन की आड़ में, प्रेम-प्रदर्शन होय।

पापी का या पाप का,
हो जाए यदि अंत,
घूमेंगे बेकार सब, उपदेशक औ' संत।

पापी के संग पाप में,
हम भी होवें ग़र्क,
तो पापी-निष्पाप में, क्या रह जाए फ़र्क़।

पापी पापा मर गए,
जाने क्या गति पायँ,
जायँ भले ही नरक में, स्वर्गिय वह कहलायँ।

पुजते मूर्ख समाज में
ऊँची उनकी शान
ऊँचा मुँह करके चले, सबको नीचा जान।

पाली-पोसी पढ़ाई,
कन्या कर दी दान,
हमने आँसू पी लिए, उन्हें मिली मुस्कान।

पिछड़ जाएगा देश वह,
जिसकी अड़ियल नीति,
चलो समय के साथ ही, यह बुधजन की रीति।

पूछा हमने जब हुई,
मानसून से भेंट,
'सून' आप में लग रहा, फिर क्यों होते 'लेट'।

पूर्वजन्म की य़ाद क्यों,
दिला रहे हैं आप?
काका, चार्ली चैपलिन के थे असली बाप।

पेटूमल कहने लगे,
खोल पेट का गेट,
और अंग सब नेष्ट हैं, सर्वश्रेष्ठ है पेट।

पेड़ लगाए फल मिले,
जानत है संसार,
दिलवर का दिल लगे तो, प्राप्त होय दिलदार।

पैंट-शर्ट में सजें तो,
हमको क्लर्क बतायँ,
धोती-कुर्त्ता धारकर, नेताजी बन जायँ।

पैर खुजाए यात्रा,
हाथ खुजाए माल,
सिर खुजलाए जानिए, मार पड़े तत्काल।

पैसा जिसकी गाँठ में,
आज वही इंसान,
पैसे की ताक़त बड़ी, क्रय कर लो भगवान।

पोथी पढ़-पढ़ जग मुआ,
पंडित हुआ न कोय,
ढाई अक्षर फ़िल्म का, पढ़ै सु एक्टर होय।

प्यार, ज्ञान, धन, मान दें,
कृपा करें भगवान,
लुट जाते, इंसान में जब आता अभिमान।

प्यार-प्रदर्शन के लिए,
यह उपाय है शिष्ट,
करो प्रिया• के साथ तुम, क्लब में जाकर ट्विस्ट।

प्यार प्रियतमा से मिले,
मम्मी ममता देय,
स्नेह मिले प्रिय मित्र से, गोदी में भर लेय।

प्यार-प्रीति की लूट है,
लूट सके तो लूट,
अंतकाल पछताएगा, प्राण जाएँगे छूट।

प्यार, मुहब्बत निकट से,
दूरी से हो इश्क,
मम्मी-पापा सूँघलें, तो बढ़ जाए रिस्क।

प्रगतिवाद बूढ़ा हुआ,
छोड़ो वाद-विवाद,
'काका' कवि से लीजिए, हास्यवाद का स्वाद।

प्रजातंत्र के पेड़ पर,
कौआ करे किलोल,
टेप-रिकार्डर में भरे, चमगादड़ के बोल।

प्रभु का निर्मित खिलौना,
नष्ट करें क्यों आप?
ख़बरदार, ख़ुदकुशी से लग सकता है पाप।

प्रियतम हमको राखिए,
अपनी ढाल बनाय,
सुख में तो पीछे रहें, दुख में सम्मुख आँय।

प्रभु की पूजा कर रहा,
श्रद्धा से इंसान,
रिश्वत-भ्रष्टाचार के स्वामी हैं शैतान।

प्रीत करै ऐसी करै,
जैसे लोटा-डोर,
अपनी नार फँसाय के, लावै नीर झकोर।

प्रेम करो हर किसी से,
अपना हो या ग़ैर,
प्यार प्राप्त हो प्यार से, मिले वैर से वैर।

प्रेम-पंथ के बीच में,
आ जाए दीवार,
रहम करो मत, फाड़ दो, मिलकर दोनों यार।

प्रेम-प्यार भरपेट तुम,
पहले कर लो तात,
फिर शायद ही कर सको, शादी के पश्चात्।

प्रेम-प्रेम में फ़र्क है,
जाने चतुर सुजान,
प्रेम मूल है दुःख का, प्रेम सुक्ख की खान।

प्रेम-बीज इस जगत् के,
कण-कण में हैं व्याप्त,
नित्य प्रेमिकाएँ उगें, प्रेम न होय समाप्त।

प्रेम-भवन की सीढ़ियाँ,
नहीं कर सके पार,
रँगे वस्त्र, कहते फिरें, झूठा है संसार।

प्रेमी का दिल टूटता,
अश्रु बहाती आँख,
उड़नपरी बूढ़ी हुई, कट जाते हैं पाँख।

प्रेमी चलता जिस समय,
चाल चार सौ बीस,
मिल जाती है प्रेमिका, उससे भी इक्कीस।

प्रेमी चाहे प्रेमिका,
चोर चाहता माल,
तब उसकी फरमाइशों की होती बौछार।

प्रेमी-प्रेयसि पार्क में,
घूम रहे संग-संग,
आया प्रेमी पुराना, हुआ रंग में भंग।

प्रेमी संकटकाल में
दौड़ा आए पास,
तब ही सच्चे प्यार कर, होता है अहसास।

प्रेयसि की चप्पल सुबह,
नित्य नियम से चाट,
इक्किस दिन सेवन करो, होय सपाट कपाट।

प्रेयसि चप्पल तानकर,
मार देय फटकार,
प्रेमी चप्पल चूमले, यह है सच्चा प्यार।

फंदे में फँस जाय जब,
कोई तस्कर भूत,
गुप्त भेद सब उगल दे, देख पुलिस का जूत।

फँस जाओ जब तर्क में,
धारण कर लौ मौन,
उस हालत में आपसे, आँख मिलाए कौन।

फँसे हुए भ्रमजाल में,
है तुमको कुछ ख़ब्त,
नशा हास्यरस का हमें, रहता है हर वक़्त।

फ़ाइल, तू बड़भागिनी,
कौन तपस्या कीन?
नेता, अफसर, क्लर्क सब, हैं तेरे आधीन।

फिकर करें सो बावरे,
क्रोध करें सो क्रूर,
छान चकाचक दूधिया, रहो नशे में चूर।

फ़िल्मी बँगलों में अधिक,
उजियाला है आज,
झोपड़-पट्टी में रहे, अंधकार का राज।

फ़िल्मी हीरो जानते,
जीवन का क्या अर्थ,
ग़म का दरिया ज़िंदगी, बता रहे हो व्यर्थ।

फीकी लगती प्रेमिका,
होय प्रेम का अंत,
जब आगे के चार-छह, टूट गए हों दंत।

फूल झड़ गए डाल से,
डाल हो गई नष्ट,
मृत्यु उड़ाकर ले गई, दूर हुए सब कष्ट।

फूलों के सौंदर्य को,
भूलें कुछ दिन बाद,
चुभ-चुभ कर जो कसकते, उनकी आती याद।

फेल हुई यह कहावत,
बदल गया युग-धर्म,
कूएँ में भी डूबकर, नहीं मरे बेशर्म।

फोड़ रीति की भीत को,
छोड़ मात्रा-छंद,
पिंगल में ताला लगा, हो जाओ स्वच्छंद।

बचपन पैसेंजर समझ,
यौवन जैसे मेल,
गुड्स ट्रेन है बुढ़ापा, धक्का मार धकेल।

बचपन बीता खेल में,
आगे हुआ जवान,
जीवन वाद-विवाद में, गँवा रहा इंसान।

बचिए उस मनहूस से,
जो सिकोड़ते नाक,
दोनों दिल जब खुले हों, अच्छा लगे मजाक।

बच्चे शीशी से पिएँ,
बूढ़े भरें गिलास,
युवक घड़ा भर-भर पिएँ, तब भी बुझे न प्यास।

बड़ी लड़ाकू सास है,
जाने नहीं विनोद,
इसीलिए स्टोव जी, गिरे बहू की गोद।

बड़े वही कविराज हैं,
और सभी कवि व्यर्थ,
श्रोता जिनके काव्य का, समझ न पावें अर्थ।

बड़े-बड़ों के पेट में,
होतीं गाँठ अनेक,
बच्चों के दिल साफ़ हैं, लड़-भिड़कर हों एक।

बढ़े चलो भय छोड़कर,
कभी न होउ निराश,
मिले सफलता अंत में, रखो आत्मविश्वास।

बतलाते हैं आपको,
मनरंजन का राज़,
जिसके मुँह मुस्कान है, सफल होंय सब काज।

बतलाते हैं यह हमें,
ग्यानी, ध्यानी, संत,
काया होती नष्ट तब, होय पाप का अंत।

बद का रोगी दवा से,
हो सकता है ठीक,
लेकन जो बदनाम है, बिगड़े जीवन-लीक।

बदनामी हट जाएगी,
बढ़ जाएगी शान,
छोड़ शायरी खोलिए, जूतों की दूकान।

बहिन-बहिन कहिए उसे,
बढ़े प्यार की रेंज,
जब बन जाए प्रेमिका, रिश्ता कर लो चेंज।

बहिन-बहिन दोनों सगी,
व्हिस्की और शराब,
जिसके मुँह से लग गई, जीवन हुआ ख़राब।

बाँट मिठाई सुक्ख में,
सबको खुश कर देय,
दुख में आँसू बाँटकर, मन हलका कर लेय।

बाँध खोपड़ी पर तवा,
साधो अपना इष्ट,
थप्पड़-लप्पड़ से अधिक, चप्पल है स्वादिष्ट।

बात हमारी मान लें
लेडी हों या जैंट
करना हो यदि प्यार तो, करो सैंट-परसैंट।

बाथरूम की चटखनी,
जब ख़राब हो जाए,
गाते हैं वे इसलिए, कोई घुस नहिं पाय।

बादल राजा गरजकर,
जब-जब धमकी देंय,
बिजली रानी चमककर, फिर वश में कर लेंय।

बाबू फ़ैशन बदलते,
नेता बदलें दल्ल,
दाढ़ी अपनी जगह पर, रहती सदा अटल्ल।

बिगड़ी बनना कठिन है,
रखो सुरक्षित साख,
जले तभी तब आग है, बुझ जाए तो राख।

बिजली कम है देश में,
नहीं जानते आप,
मजबूरन करने पड़े, अंधकार में पाप।

बिना प्यार जीवन कठिन,
तनिक न इसमें झूठ,
सूख-सूखकर आदमी, हो जाएगा ठूठ।

बिनु चीनी की चाय अरु,
बिना नाश्ता प्लेट,
ये तीनों फीके लगें, बिना तोंद का सेठ।

बीवी जी से ऊबकर,
बाबू हों जब बोर,
कमसिन साली देखकर, खिंचते उसकी ओर।

बुद्धिमान बनकर रहे,
सदा उठाए दुक्ख,
बुद्धू बनकर जिएँ तो, मिले सर्वदा सुक्ख।

बुरा कहें क्यों सुरा को,
हों नाराज़ जनाब,
जल्दी मरने के लिए, अच्छा पेय शराब।

बुरा देखने को चला,
बुरा न दीखा कोय,
तीनों गुण मिल जाएँगे, अपना हृदय टटोल।

बूढ़े आउट हो गए,
आउट हुई पसंद,
मिलता नई पसंद में, नया-नया आनंद।

बेईमानी जो करें,
कुछ दिन मौज मनायँ,
शुरू होंय जब कर्मफल, कर मल-मल पछतायँ।

बूढ़ों के भी हृदय हैं,
पाप नहीं कुछ खास,
क्या 'लव' का लाइसेंस है, सिर्फ़ आपके पास।

बेकारी औ' भुखमरी,
महँगाई घनघोर,
घिसे-पिटे ये शब्द हैं, बंद कीजिए शोर।

बेकारों की भीड़ में,
व्यर्थ रहे क्यों चीख़,
और इल्म को छोड़कर, फ़िल्म इल्म को सीख।

बेचारे इंसान का,
अजब अनोखा हाल,
जीवन-भर नंगा रहा, मरे उढ़ाई शाल।

बेटा जी से अधिक है,
बिटिया जी की शान,
बेटा दीपक है अगर, बिटिया बिजली जान।

बेटी घर की आबरू,
बेटा दीप समान,
प्यार प्रीत से रहें तो, वह घर बने महान।

बेटी होती विदा जब,
रोते हैं सब कोय,
धन दहेज में लुट गया, पिता इसलिए रोय।

बेलन का युग लद गया,
सुन लो जैंटिलमैन,
बेलन से बलवान हैं, नारी के कटु बैन।

बेलन को मिल जाय यदि,
संचालन की छूट,
कारतूस क्या चीज़ है, जाय तमंचा टूट।

बेलन में गुन बहुत हैं,
खाकर देखो यार,
तुम भी करने लगोगे, कविता की बौछार।

बेलन से भी विकट है,
उनका एक उपाय,
पति को उल्लू बना दें, दो आँसू टपकाय।

बेला, चंपा, चमेली,
नहिं गुलाब अनुकूल,
सबसे ज़्यादा लाभप्रद, है गोभी का फूल।

बेहोशी के दौर में,
कुछ क्षण ग़म खो जाय,
उतर जाय जब नशा तब, ग़म दुगना हो जाय।

बोतल पीकर झूमते,
बदली सूरत-शक्ल,
बीबी का बेलन पड़ा, ठीक हो गई अक्ल।

ब्लैक दिठोना लगाकर,
घर में रखो छुपाय,
गड़े नज़र में नज़र तो, नज़र उसे लग जाय।

ब्लैकिस्टों ने कर दिया,
ब्लैक कलर बदनाम,
आज आधुनिक राधिका, नहीं चाहती श्याम।

भँवरा बनने के लिए,
पड़े उठानी रिस्क,
फूल मिला दें धूल में, भँवरा भूले इश्क़।

भँवरा रस का लालची,
कलियों पर मँडराय,
न जाने, कब कौन-सी, फंदे में फँस जाय।

भले-बुरे का भेद तज,
करते शोध-प्रयत्न,
कभी काँच के ढेर में, मिल जाते हैं रत्न।

भाँति-भाँति की अक्ल के,
भिन्न-भिन्न दिलदार,
उलझन जिन्हें पसंद है, करें शूल से प्यार।

भाग्य बनाने का यही,
सबसे सरल उपाय,
एक रुपे की लाटरी, एक लाख दे जाय।

भाग्य-भरोसे पड़े हैं,
गढ़े हुए ज्यों ठूँठ,
ऐसे निष्क्रिय व्यक्ति से, जाय विधाता रूठ।

भाग्य-भरोसे बैठकर,
झोंक रहे क्यों भाड़?
कर्मपत्र से काम लो, जन्मपत्र को फाड़।

भाग्य-भरोसे बैठकर,
रोता है जो व्यक्ति,
उसने पहचानी नहीं, कर्मकांड की शक्ति।

भाग्य-भोग तो प्रबल है,
कभी न छोड़े साथ,
उसका ढीला भाग्य हो, जिसके ढीले हाथ।

भाग्य-विधाता से करो,
हाथ जोड़ अनुबंध,
अक्ल-शक्ल दोनों मिलें, सोना और सुगंध।

भारतीय गणतंत्र में,
देखो नए प्रयोग,
उच्चकोटि की सीट पर, निच्च कोटि के लोग।

भाषण देने के लिए,
करके आए ड्रिंक,
बोले मद्यनिषेध पर, नहीं टूटता लिंक।

भीतर-भीतर वैर रख,
ऊपर-ऊपर प्यार,
ऐसे ढोंगी संत पर, बार-बार बलिहार।

भूल रहे हैं स्वयं को,
भला समझते आप,
दिल के बिल में ढूँढिए, कहीं छुपा है पाप।

भेद प्रेम के बहुत हैं,
करें कहाँ तक तर्क,
यार-यार में फ़र्क है, प्यार-प्यार में फ़र्क।

भोजन आधा पेट कर,
दुगना पानी पीउ,
तिगुना श्रम, चौगुना हँसी, वर्ष सवा सौ जीउ।

भ्रष्टाचारी टॉप का,
वी.आई.पी. के ठाट,
इतनी चौड़ी तोंद हो, बिछा लीजिए खाट।

भ्रष्टाचारी बन गए
जब नेता श्रीमान
बिना मौत के मर गया, कलियुग में ईमान।

भ्रष्टाचारी हौज में,
साहब मारें मौज़,
आगे-पीछे 'मुँह लगे' चमचों की है फ़ौज।

मंत्रीजी से जिस समय,
हो जाए खटपट्ट,
चट्टपट्ट छापा पड़े, नौका डूबे झट्ट।

मंत्री-वोटर में दिखे,
तुमको जितना फ़र्क,
ईश्वर औ' इंसान में समझो उतना फ़र्क।

मक्खन महँगा क्यों हुआ,
सुनिए इसका राज़,
खाने से ज़्यादा इसे लगा रहे हैं आज।

मक्खी मारे नित्य जो,
दया न मन में लाय
वह नर इस कलिकाल में, बिनु प्रयास तर जाय।

मजनू लैला के लिए,
रहता सदा अधीर,
खुदाबंद की याद में, है अलमस्त फ़क़ीर।

मन की बातें मत कहो,
मन में रखो सँजोय,
सुनकर हँसी उड़ाएँगे, हल न कर सके कोय।

मन तो अभी जवान है,
तन अट्ठासी वर्ष,
स्वस्थ-मस्त हैं इसलिए, लुटा रहे हैं हर्ष।

मन में जोश-खरोश है,
तन की लटकी खाल,
हो जाए बासी कढ़ी, आए नहीं उबाल।

मन मैला, तन ऊजरा,
भाषण लच्छेदार,
ऊपर सत्याचार है, भीतर भ्रष्टाचार।

मनहूसों का दूर हम,
करते रंजोग़म,
बात हास्यरस की करें, हाथरसी हैं हम।

मनोभाव समझे नहीं,
मूरख बुद्धूनाथ,
आँखों से आँखें मिलीं, हुई हृदय की बात।

महँगाई आकाश में,
चक्कर रही लगाय,
भू-आकर्षण कट गया, कैसे नीचे आय।

महँगाई को देखकर,
धैर्य-धर्म मत खोय,
सूखा कितना भी सही, भूखा मरे न कोय।

महँगाई ने कर दिए,
राशन-कारड फेल,
पंख लगाकर उड़ गए, चीनी-मिट्टी-तेल।

महँगाई से तंग हैं,
कपड़े बनते तंग,
आगे चलकर रहोगे, बिल्कुल नंग-धड़ंग।

महल-झोपड़ी देखकर,
कर लीजे पहचान,
यही अमीर-ग़रीब में, अंतर है श्रीमान।

महिला अपनी माँग में,
भरे लाल सिंदूर,
उसे लाल झंडी समझ, गुंडे रहते दूर।

माँ का हृदय विशाल है,
अमित प्रेम-भंडार,
पुचकारे, फटकार दे, दोनों में है प्यार।

माँ के आँचल में मिले,
शिशु को निस्पृह प्यार,
इसके आगे स्वर्ग का, सुख भी है बेकार।

माइक की गर्दन पकड़,
मारें लंबी डींग,
करें प्रमाणित तर्क से, गदहे के दो सींग।

माता शिशु को चूमती,
शीरी को फरहाद,
भिन्न-भिन्न है भावना, भिन्न-भिन्न है स्वाद।

मातु-पिता का अनादर,
करते जो इंसान,
उन्हें नर्क में ठेलते, मंदिर के भगवान्।

मानव की तो क्या चली,
बचा नहीं भगवान्,
उसके निंदक देख लो, हैं नास्तिक श्रीमान।

मानव पर होती सदा,
सुख-दुख की बरसात,
कल्ल अँधेरी रात थी, आज सुनहरा प्रात।

मानव संकटकाल में,
बेशर्मी ले ओढ़,
वह क्या छोड़े, शर्म ही उसको देती छोड़।

मानसून हो हुस्न का,
दल-बादल घिर आयँ,
वर्षा होती प्यार की, प्रेमी ग़ोते खायँ।

माल मुफ़्त, दिल बेरहम,
कैसे जान बचायँ,
जिधर देखिए उधर ही, मुफ़्तख़ोर मिल जायँ।

माला फेरत जुग भया,
अब क्यों करता देर,
हरि की माला छोड़कर, धन की माला फेर।

मित्र बनाना मित्रवर,
है खाँडे की धार,
यारी निभती है तभी, निःस्वार्थी हों यार।

मिल जाए प्रारब्ध से,
यदि सच्चा दिलदार,
महकें प्रेग-सुगंध से बैडरूम, घर-द्वार।

मिलता सच्चा मित्र जब,
कृपा करें भगवान्,
वैर-भाव या दुश्मनी, अता करे शैतान।

मिल-मालिक से मिल
गए, नेता नमकहलाल,
मंत्र पढ़ दिया कान में, ख़त्म हुई हड़ताल।

मिला रिटायरमेंट जब,
पिता हुए बेकार,
उस दिन से ही बुढ़ापा, सिर पर हुआ सवार।

मिले ईंट से ईंट तो,
जुड़कर बने मकान,
दिल से दिल मिल जाए तो, पूरे हों अरमान।

मिले रार को रार तब,
मिले प्यार को प्यार,
दिल की जो रक्षा करे, वह होता दिलदार।

मिस चमचम से कीजिए,
संडे का एंगेज,
मंडे को जाना पड़े, पढ़ने को कालेज।

मिस्टर सुंदरलाल तो,
क्वारे धक्के खायँ,
ऊबड़-खाबड़ सेठ पर, सुंदरि बलि-बलि जायँ।

मीटिंगों में बोलते,
नेता-मीठा झूठ,
कूटनीति की चाल से, लें जनता को लूट।

मीठी-सीटी मारकर,
माँग प्रेम की भीख,
मारे चप्पल फेंककर, वह लड़की है ठीक,

मीठी-मीठी सुंदरी,
पनघट पर जब जायँ,
उन्हें देखकर कुआँ जी, मन ही मन ललचायँ।

मुँह रहता है बंद तब,
आँखें करतीं बात,
इसे कहें 'साइलेंट लव' मिल जाएँ जज्बात।

मुखमंडल को इसलिए,
मेकप से चमकायँ
लड़के उनको देखकर, हाय-हाय चिल्लायँ।

मुफ़्त मलाई मारते,
लेंय दक्षिणा-दान,
चेलों को जो मूँड़ ले, सच्चा गुरु पहिचान।

मुश्किल है पहिचानना,
सीधा-सच्चा मित्र,
अलग-अलग हैं मुखौटे, भिन्न-भिन्न हैं चित्र।

मुसीबतों से डरो मत,
झेलो उन्हें सहर्ष,
वह जीवन भी व्यर्थ है, जिसमें नहिं संघर्ष।

मूड बदलकर सीखिए,
राग-रंग के ढंग,
करिए पिकनिक पार्क में, गर्ल फ्रेंड के संग।

मूर्ख बनो या बनाओ,
दोनों में नुकसान,
बिखरी बुद्धि समेटकर, जग में बनो महान्।

मृगनैनी तिरछी भृकुटि,
मुख पर लाइट होय,
पढ़ी-लिखी हो या न हो, चमड़ी व्हाइट होय।

मेरे दिल को चीरकर,
प्यार-एकता देख,
पंडितजी के साथ ही, बैठे होंगे शेख़।

मेल ट्रेन मेकप करे,
ठीक समय पर आय,
'मेकप' करती लड़कियाँ, अच्छा वर फँस जाय।

मेल मिलावट ज्ञान से,
गुणी बने श्रीमान्,
झूठनीति की कृपा से, लाला बने महान्।

मेहनत करके पसीना
बहा रहा जो व्यक्ति,
अमृत-जल से भी अधिक मिलती उसको शक्ति।

मेहनत पर भी सफलता,
नहीं मिले श्रीमान्,
फिर दुगुनी मेहनत करो, पूर्ण होयँ अरमान।

मेहनत से धन प्राप्त हो,
प्रगति करे व्यापार,
दिल से करिए प्यार तो मिल जाए दिलदार।

मैगनेट की शक्ति को,
करते सब स्वीकार,
प्यार कीजिए खुद-ब-खुद, खिंच आएगा प्यार।

मोक्ष-मुक्ति के फेर में,
क्यों पड़ता नादान,
चाहे लाइफ लौंग तो, कर वाइफ का ध्यान।

मोटर ऐसी उड़ रहीं,
जैसे नभ में चील,
घंटे-भर में तय करें, मार्ग डेढ़ सौ मील।

मोती-जैसे दाँत थे,
मुखमंडल ज्यों इंदु,
आँखों से आँखें लड़ीं, हुआ मोतिया-बिंदु।

मौज कर रहे महल में,
बेईमान श्रीमान्,
दो रोटी के वास्ते, तरस रहा ईमान।

मौज़-मजे के दिनों में,
प्यार करें भरपूर,
आए संकटकाल जब, भाग जाएँ सब दूर।

यंत्र आधुनिक आजकल,
निकला कंप्यूटर्र,
प्यार-मुहब्बत नापते, इससे ही मिस्टर्र।

याद आय जब रात में
तेरी मेरे मीत,
दौड़ लगाती लेखनी, बज जाता है गीत।

युवक-युवतियों में रहे,
जोश-खरोश उमंग,
काव्य-शायरी ज़िंदगी में भर देती रंग।

युवती सोलह साल की,
कर सोलह श्रृंगार,
निकल जब बाज़ार में, लड़के खायँ पछार।

यौवन में तो गधी भी,
लगती परी समान,
ढली हुस्न की दुपहरी, समझो मम्मी जान।

रंजोग़म जिसने पिया,
वो जाने परिणाम,
काका बाँटे हास्यरस, आँसू का क्या काम?

रखनी है यदि दोस्ती,
लेउ न देउ उधार,
करो तकाजा उसी दिन, टूट जाएगा प्यार।

रहना चाहो अगर तुम,
जीवन-भर खुशहाल,
नमकहरामी से बचो, बनकर नमक हलाल।

रागी बन अनुराग कर,
या त्यागी बन त्याग,
फिर भी उतना ही मिले, जितना जिसका भाग।

राजनीति की दौड़ में,
जो नित ठोकर खायँ,
नया मुखौटा लगाकर, दलबदलू बन जायँ।

राजनीति की पार्टी,
हमें न भावे कोय,
पहुँच जाएँ काकी-सहित, यदि टी-पार्टी होय।

राजनीति के तपस्वी,
जनसेवक निष्काम,
नोट करो इस जगह पर, जयप्रकाश का नाम।

राजनीति के मंच पर,
मिलें झूठ के ठूँठ,
या फिर इनकमटैक्स में, देख लीजिए झूठ।

राजनीति के रोग का,
करवा रहे इलाज,
इंपाला में घूमते, रिक्शे पर हैं आज।

राजनीति मत छोड़िए,
जब लग घट में प्राण,
कबहू दीनदयाल के, भनक परेगी कान।

राजनीति से ले लिया,
जिसने भी संन्यास,
कोई पूँजीपति उसे, नहीं डालता घास।

राधा-राधा रटत ही,
सब व्याधा मिट जायँ,
चार रुपैया के किलो, गेहूँ कैसे खायँ।

राम भरोसा बैठि के,
सबको पूछें हाल,
गुनिजन भूखे मरि रहे, मूरख मारें माल।

राम-नाम जपते रहे,
नित्य सवेरे-शाम,
फिर भी पेट न भर सका, मिला न कोई काम।

रामराज के घाट पर,
भई नेतन की भीर,
मंत्री जी चंदन घिसें, चमचे करें लकीर।

रार बढ़ाते व्यर्थ क्यों,
करके तर्क-वितर्क,
चुपके से दिन काटिए, देख हवा का फ़र्क़।

रास रचाएँ पार्क में,
कर पिकनिक प्रोग्राम,
सुघड़ जुगल जोड़ी बनी, तू राधा, मैं श्याम।

रिश्तों के नव नमूने,
नाप सके तो नाप,
बेटा कहता बाप से, चुपके रहिए आप।

रिश्वत के पापड़ अगर,
हुए टैस्ट में 'वीक'
काकी का झापड़ पड़े, हो जाओगे ठीक।

रिश्वत रूपी पेड़ को,
ज़ोर-ज़ोर झकझोर,
आँधी के ये आम हैं, दोनों हाथ बटोर।

रिस्क इश्क में बहुत हैं,
सहते रहु चुपचाप,
चारे का क्या करोगे, 'बेचारे' हैं आप।

रुपया श्रम से प्राप्त हो,
अथवा अक्कल होय,
या खुल जाए लाटरी, रोक सके नहिं कोय।

रुपए तीस कमा रहा,
मेहनत से मज़दूर,
रोज़गार को रो रहे, हीरो-छाप हुजूर।

रूप और यौवन क्षणिक,
काहे को इतरात,
चार दिना की चाँदनी, फेरि अँधेरी रात।

रूप देखकर हो गए,
बेसुध दर्शकवृंद,
शक्ल अमावस-सी दिखे, बनते पूरनचंद।

रूप-रंग पर हो रहे,
जीजाजी बलिहार,
साली की गाली लगे, रस की भरी फुहार।

रोक-टोक कुछ भी नहीं,
करो धड़ाधड़ आप,
पुण्य समझिए प्यार को, वैर समझिए पाप।

रोगी पीड़ा से दुखी,
हाय-हाय चिल्लायँ,
मटक-मटक कर वार्ड में, सीटी नर्स बजायँ।

रोज़गार को रो रहे,
बी.ए. पास हुजूर,
साठ रुपे नित पा रहा, मेहनतकश मज़दूर।

रोज़ी-रोटी के लिए,
भटक रहे मज़दूर,
सील बंद कर चल दिए, लाला घर से दूर।

लंघन कबहुँ न कीजिए,
जो आ जाय बुखार,
खाकर देखो, तेल की गरम कचौड़ी चार।

लंबे भाषण झाड़कर,
नेता करता बोर,
अभिनेता को मिल रहा, 'बंस मोर' घनघोर।

लक्षाधीश, करोड़पति,
हैं चिंता से ग्रस्त,
वह ग़रीब, संतोष-धन से रहता अलमस्त।

लखपति और करोड़पति,
करते बहुत मिजाज,
सबसे श्रेष्ठ वनस्पति, पत्नी चाहें आज।

लखि रूपसि के रूप को,
तन-मन उठीं उमंग,
मानव की तो बात क्या, लज्जिल होंय अनंग।

लगा दिया भगवान् ने,
माया का जंजाल,
किस्मत खेले कर्म से, फल मिलता तत्काल।

लड़के लंबे बाल रख,
चलें जनानी चाल,
इस जवाब में लड़कियाँ, रक्खें छोटे बाल।

'लव' की लंबाई बहुत,
नहीं मिलेगा अंत,
हो यदि सच्चा प्यार तो, सीमा अमित अनंत।

लाठीवाला भैंस पर,
रखता है अधिकार,
सत्ता जिसके हाथ में, उसकी जै-जैकार।

लाठी से बापू सदा,
करते रहते प्यार,
लाठी में गुन बहुत हैं, संकट देती टार।

लात मार सिद्धांत को,
प्राप्त करो धन-मान,
दलबदलू बन जाइए, छोड़ धर्म-ईमान।

लात लोभ को मारकर,
चलो चेतना मोड़,
छाता तानो ज्ञान का, नाता जग से तोड़।

लाल लिपस्टिक लगाकर,
होठ चलाती होय,
लाल मिर्च दो लड़ रहीं, ऐसा दीखे मोय।

लाल लिपस्टिक लबों पर,
मारे दिल पर चोट,
लाल मिर्च-से उस समय, लगते उसके होंट।

लाला लोभीलाल को,
पैसा ही सब कुच्छ,
आदर्शी पति के लिए, धन-दौलत है तुच्छ।

लाली की 'ला-ला अगर,
कर दे तुमको तंग,
तो 'ना-ना' की डोर से, काटो प्रेम-पतंग।

लाली के हाथों लगी,
मेहँदी हुई निहाल,
लाली की लाली निरख, हरी हो गई लाल।

लूटमार चहुँदिश चली,
तुम क्यों हो बेकार,
रेल लूटिए रात को, दिन में मोटरकार।

ले तिकड़म की कलम से,
सरकारी अनुदान,
संस्था को रख जेब में, हो जा अंतर्धान।

लैला काली थी मगर,
मजनूँ दिया न ध्यान,
नाक-नक़्श को देखकर, जान करी कुर्बान।

लोकतंत्र, गणतंत्र में,
मर जाए यदि न्याय,
आपा-धापी शुरू हो, हाय-हाय मच जाय।

लोभ-मोह के नशे में,
उड़ जाता है ज्ञान,
क्या होगा परिणाम यह, भूल जाय इंसान।

लोभ-मोह में फँस गए,
कहलाते जो संत,
मरने लगती आत्मा, आता है जब अंत।

वर्तमान की प्रगति पर,
देता नहिं कुछ ध्यान,
निंदा जिसका लक्ष्य हो, अंधा उसको जान।

वह कहता आओ प्रिये,
प्रिया भागती दूर,
प्रेमी जी चिल्ला उठे, खट्टे हैं अंगूर।

वह मुस्काए तनिक तुम,
हँसो ठहाका मार,
नहले पर दहला पटक, जीतो उसका प्यार।

वही विवेकी व्यक्ति है,
जिसके मन संतोष,
दुखी वही जो सोचते, दिन-दिन बाढ़े कोष।

वही सफल है आजकल,
'काका' थानेदार,
एक मिनट में दे सके, गाली एक हज़ार।

वाइफ़ से लाइफ़ बने,
बिन वाइफ़ सुनसान
नहीं किराए पर मिले, उसको कहीं मकान।

वाह करे तो अमृत है,
आह करे तो विष,
समझ न पाया नर कभी, नारी की घिस-घिस।

विज्ञापन युग आजकल,
इसका लाभ उठायँ,
भोगी भी इस युक्ति से, योगी जी बन जायँ।

विद्वत्जन बतला रहे,
शास्त्रों का कर शोध,
दुश्मन हैं इंसान के, लोभ-मोह औ' क्रोध।

विधना ने जो लिख दिया,
मिटा न सकता कोय,
भाग्य-भोग बलवान है, होनी हो सो होय।

विधि का लिखा न मिट
सके, बुधजन कहें तमाम,
खोटे दिन आते तभी, करता खोटे काम।

वीर, करुण, शृंगार-रस,
सब फल-रस बेकार,
परनिंदा रस पीजिए, बनकर टीकाकार।

वेतन में चेतन चतुर,
देत न विद्या-दान,
कालिज-शिक्षा से अधिक, ट्यूशन पर दें ध्यान।

वेतन लेने को खड़े,
प्रोफेसर जगदीश,
छह सौ पर दस्तखत किए, मिले चार सौ बीस।

वेद-शास्त्र औ' संतजन,
हमको रहे बताय,
जीवन-जल का बुलबुला, जाने कब घुल जाय।

वैद्य-डाक्टर को कभी,
मत दिखलाओ नब्ज,
ठूँस-ठूँस कर खाइए, भाग जाएगी कब्ज़।

वोटर असली है वही,
देय उसी को वोट,
थमा देत जो हाथ, में, दस रुपए का नोट।

व्यर्थ समझ मत कीजिए,
किसी वस्तु को नष्ट,
श्रम द्वारा निकृष्ट भी, बन जाते उत्कृष्ट।

शक्ल चुराए रुग्णता,
अक्ल चुराय शराब
दिल चोरी दिलबर करे, बचते रहो जनाब।

शब्द-शब्द से रस मिले,
गद्‌गद् हो इंसान,
गागर में सागर भरे, काव्य उसे पहचान।

शहरी नारी चतुर हैं,
पति को करतीं ट्रेंड,
बजे, बैंड की भाँति वह, तब सच्चा हसबैंड।

शादी करने का यही,
है उपयोग महान्,
दो पाये से बन गए, चौपाये श्रीमान।

शादी कर लो कोर्ट में,
छोड़ो बाजे बैंड,
वाइफ सस्ती हो गई, महँगे हैं हसबैंड।

शासन में हो जायँ जब,
शासक लापरवाह,
बेगुनाह भी उस समय, करने लगें गुनाह।

शिक्षा-दीक्षा मिल गई,
पढ़-लिख हुए निहाल,
इंटर करके खींचते, रिक्शा बाँकेलाल।

शीशे-सा दिल थामकर,
कहाँ जा रहे मित्र,
पत्थर-दिल इंसान हैं, कर दें चित्र-विचित्र।

शुद्ध हवा में घूमिए,
नित्य सवेरे-शाम,
प्रेम-प्रतिष्ठा प्राप्त हो, करिए ऐसे काम।

शुरू हो गया प्रेम जब,
मिले नैन से नैन,
लव लैटर चलने लगे, प्यार उगलते पैन।

संत-महंत महान् वे,
संग-संग चले जमात,
नेता धाकड़ जानिए, चमचे जिनके साथ।

संतोषी बनकर रहो,
क्यों करते हो शोर,
माल अधिक हो जाय तो, लग जाएँगे चोर।

सच्ची हो यदि प्रेमिका,
खोले दिल का द्वार,
मुरझाई कलियाँ खिलें, आय बसंत-बहार।

सच्चे दिल से कह रहे,
नहीं करेंगे क्लेम,
त्याग वासना, कीजिए चाहे जिससे प्रेम।

सच्चे-सीधे हृदय से,
करते रहिए प्यार,
देख-देख दर्पण सुमुखि, मन ही मन मुसकाय।

सत्तर-अस्सी के हुए,
उपजा तन-मन बोध,
फिर भी सिर पर चढ़े हैं, मोह, लोभ औ' क्रोध।

सत्तर-अस्सी के हुए,
छोड़ो घर-दरबार,
त्यागो ममता, सौंप दो, बेटों को व्यापार।

सत्ता से पत्ता कटे,
बदले मुँह का पोज,
चेहरे पर बारह बजें, बने ज़िंदगी बोझ।

सत्य और सिद्धांत में,
क्या रखा है तात?
उधर लुढ़क जाओ जिधर, देखो भरी परात।

सत्य बोलने पर मिली,
अफसर की फटकार,
झूठे सर्टिफिकेट पर, छुट्टी ले लीं चार।

सदाचार की ओट में,
करिए लूट-खसोट,
मंत्री के चमचे बनो, मिलें नोट पर नोट।

सदाचार पर दे रहे,
भाषण सत्यकुमार,
लंबी रिश्वत मारकर, लेते नहीं डकार।

सदाचार, सत्कर्म कर,
तजकर भ्रष्टाचार,
नरक स्वर्ग बन जाएगा, होगी जय-जयकार।

सदुपयोग उसका करें,
जितना जिसके पास,
धन-दौलत की तीन गति, दान, भोग या नाश।

सद्ग्रंथन-मंथन किया,
प्राप्त हुआ यह मर्म,
भारतीय सन्नारि का, आभूषण है शर्म।

सफल और सार्थक सही,
जीवन उसका जान,
बाँटे अपनी कला से, जनगण को मुस्कान।

सफल राजनीतिज्ञ वह,
जो जन-गण में व्याप्त,
जिस पद को वह पकड़ ले, कभी न होय समाप्त।

सब कुछ लुट जाए मगर,
बचा रहे ईमान,
हरा-भरा हो जाएगा, फिर से वो इंसान।

सब देशों से भिन्न है,
भारत धर्म प्रधान,
यह धंधा, मंदा नहीं, पड़ सकता श्रीमान।

सबसे ऊँचा डाक्टर,
'काका' ऐसा होय,
नुसखा जिसके हाथ का, बाँच सके नहिं कोय।

सब्र और संतोष की,
महिमा बड़ी विचित्र,
दामन पकड़ा सब्र का, फिर क्यों छोड़ो मित्र!

सभी लोग पीने लगें,
प्यार-प्रीति का सत्त्व,
घृणा बिचारी का भला, क्या रह जाय महत्त्व।

समय-समय के साथ ही,
बदल जायँ व्यवहार,
बहुत पुरानी बात यह, दुश्मन से कर प्यार।

सम्मेलन के मंच पर,
यश पाऊँ भरपूर,
सोए श्रोता जग पड़ें, होय बोरियत दूर।

सरस्वती का खा रहे,
काका नित्य प्रसाद,
मिल जाएगा आपको, करते रहु फरियाद।

सर्विस से डिसमिस हुए,
उम्र हुई जब साठ,
महँगाई से दुखी हैं, बच्ची-बच्चे आठ।

ससुर-सास, माता-पिता,
सब कुटुंब भरपूर,
साली-सलहज के बिना, यह जीवन है धूर।

सहज न समझो इश्क को,
क़दम-क़दम पर रिस्क,
बेशर्मी के अर्क को, पीकर करिए इश्क़।

सहनशक्ति उसमें भरी,
गाली दो या मान,
इसीलिए तो पूजता, पत्थर को इंसान।

सागर का तल नापकर,
बता चुका विज्ञान,
गहराई दिल की नहीं, नाप सका इंसान।

साथ-साथ सुख-दुख
चलें, लाभ और नुकसान,
सर्वसुखी पाया नहीं, कोई भी इंसान।

सारा नाज बटोरकर,
बोरों में भरवाय,
ताजमहल में क्या धरा, 'नाजमहल' बन जाय।

साली की ताली रखो,
घरवाली के पास,
नियत न बिगड़े देखकर, उसके भ्रकुटि-विलास।

साली जब-जब आय तब,
काका पाएँ सुक्ख,
गोरी-चिट्टी, चटपटी, काकी- जैसा मुक्ख।

सावन मनभावन सुखद,
सखी बलैया लेंय,
झूला झूले राधिका, मोहन झोंटा देंय।

'साहब' काकौ धन हरें,
'मेमें' काकूँ देंय,
गोरा चाम दिखाय के, घर अपना भर लेंय।

सिर्फ़ जोश या होश से,
बनता आधा काम,
साथ-साथ दोनों रहें, सफल होय प्रोग्राम।

सिर्फ़ हाथरस, बनारस,
दो शहरों में रस्स,
इसीलिए काका यहाँ लूट रहें हैं जस्स।

सीमा से आगे बढ़े,
डाँट, डपट, फटकार,
हो जाता है उस समय, अनुशासन बेकार।

सीमित मिले दुलार तो,
बढ़े आत्मविश्वास,
अधिक मात्रा प्यार की, कर दे सत्यानास।

सुक्ख-शांति की इसलिए,
खड़ी हो गई खाट,
तनुखा ढाई सौ मिले, बच्ची-बच्चा आठ।

सुख का स्वाद मिले तभी,
कभी-कभी हो दुक्ख,
कुछ महत्त्व रखता नहीं, बिना दुक्ख के सुक्ख।

सुख के अर्थ अनेक हैं,
भरे पड़े हैं कोश,
सर्वसुखी समझो उसे, जिसे प्राप्त संतोष।

सुख के आँसू उड़ गए,
पोंछ लिए मुँह फेर,
दुख के आँसू सूखने में लगती है देर।

सुख के कई प्रकार हैं,
सबमें हैं गुण-दोष,
सच्चा सुख उसको मिले, जिसके मन संतोष।

सुख के सँग दुख भी रहे,
दिन के संग है रात,
बाद खुशी के ग़म मिला, तो काहे पछतात।

सुख में प्रभु की याद से,
समय होत बरबाद,
सुख में ऐश उड़ाइए, दुख में करिए याद।

सुख में भी मुस्कान हो,
दुख में भी मुस्कान,
साधारण प्राणी नहीं, उसे महात्मा जान।

सुख-सुख में आलस्य से,
मोटा होता पेट,
बिना दुक्ख नहिं सुक्ख का, खुल सकता है गेट।

सुख है नंबर एक में,
दो नंबर बेचैन,
छापे का भय हर समय, चैन नहीं दिन-रैन।

सुघड़ सुंदरी देखकर,
फड़काया जब अंग,
चप्पल से पूजा हुई, हुआ रंग बदरंग।

सुघड़ सुंदरी नर्स यदि,
'लब' का लेप लगाय,
चढ़े प्लास्टर प्यार का, टूटा दिल जुड़ जाय।

सुनते हो प्रभु इसलिए,
सेठों की फरियाद,
मिलता उनसे चकाचक, भोग, भेंट, परसाद।

सुबह नित्यप्रति नियम से,
उनको शीश नवाय,
रोटी जब बन जाय तब, बेलन देउ छिपाय।

सुरा छोड़ने के लिए,
नहीं मर्द तैयार,
कमजोरी यह नारि की, फिर भी करती प्यार।

सुरा शराबी को दिखे,
कामातुर को सैक्स,
नेता को सत्ता दिखे, व्यापारी को टैक्स।

सुलझाने के फेर में,
उलझ जायँ यदि आप,
ज्ञान-ब्लेड से काट दो, सब फंदे चुपचाप।

सूरज चंदा गोल है,
पृथ्वी भी है गोल,
बिंदी लगने से बढ़े, मुख-मंडल का मोल।

सूरज तुमसे कह रहा,
आँख दिखाकर लाल,
बहुत सो लिए लाल अब, उठ बैठो तत्काल।

सेठ अँगूठा-छाप हो,
फिर भी बने महान्,
मूर्ख कहाता आजकल, फटेहाल विद्वान।

सेफ्टीरेज़र लायकर,
रोज़ मूँडिए मूँछ,
अथवा इतनी राखिए, ज्यों कुत्ते की पूँछ।

सोच रहा क्या बाबरे,
कर पैमाना पान,
जो बोतल में बच रहे, उसको कर दे दान।

सोच रहे थे किस तरह,
पैन चले सरपट्ट,
बेलन के दर्शन हुए, कविता लिख दी झट्ट।

सोच समझकर 'लव' करो,
मतलब का संसार,
स्वारथ पूरा होय तब, ठोकर मारें यार।

स्याही लेकर आँख की,
लिक्खूँ तुमको पत्र,
हम-तुम-सी जोड़ी नहीं, यत्र-तत्र-सर्वत्र।

स्वप्नपरी उड़ जाएगी,
फर-फर करके पाँख,
हाय-हाय करने लगो, खुल जाए जब आँख।

स्वर्गलोक में आजकल,
हाउसफुल श्रीमान,
धर्मी हो या अधर्मी, करे नरक-प्रस्थान।

स्वस्थ मस्त रहते सदा,
साधू, संत, फ़क़ीर
देखे चिंताग्रस्त सब, धन्नासेठ-अमीर

स्वारथ वाले प्यार में,
नहीं मिला कुछ सार,
धोखा, बदनामी मिली, या पाई फटकार।

स्वार्थ छोड़कर कीजिए,
जनहित में कुछ काम,
इसकी मत इच्छा करो, छपे ना छपे नाम।

स्वार्थ छोड़ परमार्थ से,
भाग्य-कमल खिल जाय,
पत्नी की सेवा करो, मोक्ष-लाभ मिल जाय।

स्वार्थ सधे तब तक रहे,
मित्रों पर मुश्ताक़,
ऊँचा आसन प्राप्त कर, दे-दें उन्हें तलाक़।

हँसते मुसकाते रहें,
दर्द-दुक्ख सब भूल,
उनका मुखमंडल लगे, ज्यों गुलाब का फूल।

हँसते रहते हमेशा,
भाग्यवान वे लोग,
काया की नस-नस हिले, दूर होंय सब रोग।

हँसी-खुशी के रंग में,
रहते हैं गतिशील,
सुबह-शाम नित घूमते, तीन-चार-छः मील।

हँसी-खुशी से आपसी,
बने प्रेम-व्यवहार,
अट्टहास के हास से, खुले कंठ का द्वार।

हनीमून की रैन को,
मिलता ढेरों प्यार,
फिर धमकी-धक्के मिलें, और मिले फटकार।

हमने बाँटा हास्यरस,
हुई उदासी दूर,
इसके बदले में मिली, वाह-वाह भरपूर।

हम भी हिप्पीवाद से,
नफ़रत करते मित्र,
उन्हें देखकर आपका, बिगड़े चाल-चरित्र।

हर चेहरे पर लिखा है,
पढ़ लें चतुर सुजान,
तुरत पता चल जाय यह, कैसा है इंसान?

हरफनमौला वही जो,
हर फन में हुशियार,
हम तो केवल एक फन, कविता के फनकार।

हर लड़की के सिर लगें,
दो-दो पैने सींग,
भाग जाएँगे देखकर, सब शरारती धींग।

हलवा में हरि बसत हैं,
घेवर में घनश्याम,
मक्खन में मोहन बसें, रबड़ी में श्रीराम।

हाँ-हाँ कहते ही रहे,
देंगे हम सहयोग,
कथनी से करनी कठिन, जानत हैं सब लोग।

हाथ जोड़ चिल्ला रहे,
दीजे हमको वोट,
शासन में आसन मिला, बंद कर लिए होट।

हार गया तो क्या हुआ,
जायँ भाड़ में वोट,
चंदे में से बच रहे, एक लाख के नोट।

हाथी दाँतों पर कभी,
किया आपने गौर,
खाने के कुछ और हैं, दिखलाने के और।

हार चुके हैं नारि से,
बड़े-बड़े रणधीर,
घायल कर दें मर्द को, मार नज़र के तीर।

हास्य-व्यंग्य का आजकल
सबसे अधिक महत्त्व,
भाँति-भाँति के आजकल, कारतूस में तत्त्व।

हास्य-व्यंग्य के अंग में,
जमा हुआ है रंग,
हम दल-बदलू नहीं हैं, जो बदलें अपना रंग।

हास्य-व्यंग्य के काव्य से,
भरी रहे संदूक,
कारतूस हम पर रहें, काकी पर बंदूक।

हास्य-व्यंग्य के रंग में,
रुचि लीजे भरपूर,
काका की कविता पढ़ो, होय उदासी दूर।

हास्य-व्यंग्य है जब तलक
काका कवि के पास,
तब तक होने का नहीं, मनुआँ कभी उदास।

हिंदी-हिंदू-हिंद का,
जिनकी रग में रक्त,
सत्ता पाकर हो गए. अँगरेज़ी के भक्त।

हीरा-मोती मिल सकें,
मिले मान-सम्मान,
पैसे से नहिं जी सके, मरा हुआ इंसान।

हीरोइन ने मार दी,
हीरो जी को आँख,
बिना छुरी के हो गई, दिल की बारह फाँक।

हैजा जब हो जाय तो,
खाओ ककड़ी-फूट,
यदि मर जाओ तो मुझे, कर देना तुम शूट।

हो जाएँ जब रिटायर
सुन लें नेक सलाह,
छोड़ो घर के मोह को, चलो धर्म की राह।

हो जाए कंट्रोल तब,
वही चीज़ खो जाय,
किया अगर कंट्रोल तो, दिल ग़ायब हो जाय।

है वकील बढ़िया वही,
ऊँचा वही कहाय,
जिसकी ऊँची फीस सुन, भाग मुवक्किल जाय।

हो जाता मरते समय,
बेबस वह इंसान,
उड़ जाता है हवा में, सत्य-झूठ का ज्ञान।

हो जाती आलस्य से,
किस्मत भी बदरंग,
श्रम की रेती से रगड़ छूट जाएगी जंग।

हो जाए जब आपका,
गरमा-गरम दिमाग़,
छींटे मारो शांति के, बुझे हृदय की आग।

होय आपकी ज़िंदगी,
कैसी भी ग़मगीन,
ग़म के तम को काट दो, मिले प्रकाश नवीन।

होय स्वार्थ में बावला,
खाए नितप्रति घूस
पकड़ा जाए तब उसे ग़लती हो महसूस।